어제와 똑같은 내가 싫어서
심리학을 공부하기 시작했습니다

KAGAKUTEKINI JIBUNWOKAERU 39NO HOUHOU
by SYUGO HOTTA

Copyright ⓒ SYUGO HOTTA 2020

Korean translation copyright ⓒ Gimm-Young 2021
All rights reserved.
Originally published in Japan in 2020 by BUSINESS LIFE CO., LTD., TOKYO.
Korean translation rights arranged with BUSINESS LIFE CO., LTD., TOKYO, through
TOHAN CORPORATION, TOKYO and Danny Hong Agency, SEOUL.

어제와 똑같은 내가 싫어서
심리학을 공부하기 시작했습니다

1판 1쇄 발행 2021. 1. 31.
1판 3쇄 발행 2024. 1. 26.

지은이 홋타 슈고
옮긴이 정현

발행인 박강휘, 고세규
편집 강지혜 디자인 윤석진 마케팅 김새로미 홍보 반재서
발행처 김영사
등록 1979년 5월 17일(제406-2003-036호)
주소 경기도 파주시 문발로 197(문발동) 우편번호 10881
전화 마케팅부 031)955-3100, 편집부 031)955-3200 | 팩스 031)955-3111

값은 뒤표지에 있습니다. ISBN 978-89-349-8667-6 03320

홈페이지 www.gimmyoung.com   블로그 blog.naver.com/gybook
인스타그램 instagram.com/gimmyoung 이메일 bestbook@gimmyoung.com

좋은 독자가 좋은 책을 만듭니다.
김영사는 독자 여러분의 의견에 항상 귀 기울이고 있습니다.

어제와 똑같은 내가 싫어서
심리학을 공부하기 시작했습니다

나를 바꾸는 39가지 방법

홋타 슈고 | 정현 옮김

김영사

'이런 나 자신이 싫어. 다시 태어나고 싶어!'
'내 이런 면만큼은 어떻게든 바꾸고 싶어!'

누구나 살면서 한 번쯤 전체든 부분이든 '나를 바꾸고 싶다'
고 생각한 적이 있을 것이다.

'절대 안 하겠다고 다짐했는데, 또 해버렸네……'
'나는 도대체 왜 이럴까…… 태생이 그런 걸 어떻게 해.'

달라지고 싶다. 하지만 어떻게 할 수 없다. 인간은 심약한 존
재이다. 몇 번씩 결심해도 끝내 성공하지 못하는 금연이나 다
이어트처럼, 달라지고 싶다는 의지만 넘칠 뿐 자신을 바꾸기가

좀처럼 쉽지 않다. 하지만 아직 포기하긴 이르다. 막연히 의지에만 기대지 않고 구체적이되 간단한 행동을 통해 나를 바꿀 수 있는 방법이라면 쉽게 해볼 수 있지 않을까. 세계 각국의 심리학, 뇌과학, 언어학 연구자들이 각 분야에서 진행한 실험이나 관찰로 입증한 과학적인 방법이라면 효과를 얻는 데 도움이 될 것이다. 그래서 이 책에서는 '과학적으로' 자신을 바꾸는 서른아홉 가지 방법을 소개한다.

어차피 해야 한다면 즐겁게 해야 의욕도 생기고 지속하기도 쉽다. 즐기며 실천할 수 있는 특별한 방법을 이 책에 모았으니 꼭 한번 실천해보길 바란다.

나는 법학, 언어학, 심리학, 뇌과학 등의 관점에서 다양한 커뮤니케이션을 연구하는 학자이다. 뇌파 등을 연구하여 특정 사건이나 사물에 대한 사람들의 반응을 조사하거나, 판단을 내리는 순간의 심리적인 메커니즘을 분석하기도 한다. 더불어 정보 처리와 관련된 안구眼球 운동을 관찰하기도 하고, 심박수를 통해 스트레스 정도를 측정하기도 하는 등 여러 방법으로 연구를 진행하고 있다. 이런 배경을 기반으로 세상에 도움이 될 만한 각국의 연구를 소개하는 책을 다수 집필했다.

물론 과학이라고 불리는 거의 모든 영역이 그렇듯 이 책에 소개된 방법이 누구에게나 100퍼센트 효과적이라 단언할 순 없다. 하지만 해보지 않으면 아무것도 달라지지 않는다. '어차피 달라지지 않을 텐데……'라고 포기하면 평생 지금 자신의 모습 그대로 살아야 한다. 그러니 우선 무언가 한 가지라도 실천해보면 좋겠다. 할 수 있고 없고의 문제가 아니라 할지 말지의 문제이다. 해보지 않고 후회하지 말고, 후회를 하더라도 해보고 후회하는 편이 낫다. 모든 것은 실행에서 출발한다.

스스로에게 당당하고 다른 사람에게 관대한 사람들로 가득한 사회. 그런 사회를 함께 만들고 싶다. 이 책이 그런 사회를 만드는 데 작게나마 도움이 된다면 더 바랄 게 없겠다. 천릿길도 한 걸음부터이다. 오늘부터 함께 시작해보자.

제3장

관계 습관
커뮤니케이션

사소한 고민을 계속하거나 안절부절못한다.
비뚤어진 말과 행동을 하고 우유부단하여 쉽게 휘둘린다.
성격에 관한 결점은 셀 수 없이 많다.
'이렇게 타고 태어난 걸 뭘 어떻게 해. 이미 생각이 그렇게 자리 잡혀버린 걸……'
이라고 포기하기 전에 한 번쯤 해볼 만한 행동을 소개한다.

제1장

생각 습관

성격과 기질

01

부정적인 생각

#부정적 #비관적 #염려증

(episode)

"사회인이 된 지 수년째. 습관처럼 야근을 하지만 별다른 성과는 없다. 처음에는 관대했던 선배도 최근에는 엄격해진 느낌. 한 술 더 떠 패기 넘치는 신입사원이 들어와 왠지 모르게 어깨가 움츠러든다. 나는 직장에서 미움받는 것 같다. 이렇게 무심코 나쁜 방향으로만 생각하는 나 자신이 싫다. 그래, 성격이 쉽게 변하나 뭐……"

■■■■■ '긍정적으로 살아라' '생각을 긍정적

으로 바꾸면 인생이 달라진다'같이 판에 박힌 충고는 들리지도

않는 경험, 누구에게나 한 번쯤 있을 것이다. 그도 그럴 것이 생

각하는 습관을 바꾸기는 좀처럼 쉽지 않다. 오슬로대학교의 로

이샘Roysamb E. 연구진은 50~65세인 쌍둥이 1,516쌍을 대상으

로 본인 인생에 관한 만족도 평가를 진행했으며, 피험자들이

인생의 만족도에 영향을 미친다고 답한 항목 중 30퍼센트 정

도는 유전적으로 결정되는 요소라고 밝혔다. 이 30퍼센트의

유전적 요소 중 외형과 관련된 점이 아니라 성격과 관련된 점

이 65퍼센트를 차지했다. 즉, 긍정적이라거나 부정적인 사고

경향은 유전적으로 어느 정도 정해져 있다는 뜻이다.

미시건주립대학교 모서Moser J. S. 연구팀의 실험을 보면, 늘 부

정적으로 생각을 하는 사람에게 '긍정적으로 생각하라'고 지시하면 뇌가 혼란을 일으켜 감정을 관장하는 부위가 활성화되고 오히려 비관적인 성향이 더 강해진다고 한다. 본래 부정적인 사람이 '부정적인 생각은 그만하자. 긍정적으로 생각하자!'라고 마음을 다잡는다 한들 역효과만 생긴다.

그렇다면 부정적인 생각 습관을 바꾸고 싶은 사람은 어떻게 해야 할까?

우선 단기적인 해결책부터 이야기해보자. 부정적인 생각을 떨칠 수 없을 때, 기분전환을 핑계로 홧김에 술을 마시거나 물건을 집어던지고 망가뜨리거나 씩씩대며 드러눕는 사람이 있다. 사실 이런 행동은 기분전환에 전혀 도움이 되지 않는다.

베이징사범대학교 윈저 리우Yunzhe Liu 연구진은 세 번에 걸쳐 총 일흔세 명의 피험자에게 동물의 사체나 누군가가 나에게 총을 겨누고 있는 사진 등 불쾌감을 유발하는 사진 52장과 그와 관련된 남녀의 표정 사진을 이틀간 보여주고 기억하였다. 그리고 이 상태에서 잠을 잘 경우 수면이 나쁜 기억에 미치는 영향을 조사했다.

① 30분 뒤 불쾌한 사진의 내용을 얼마나 기억하고 있는지 테스트한 그룹.

② 사진을 본 뒤 그대로 잠을 자고 다음 날 테스트한 그룹.

③ 사진을 본 뒤 귀여운 동물의 사진을 보는 등 기분전환 활동을 하고 30분 후에 불쾌한 사진에 대한 기억을 테스트한 그룹.

④ 동일하게 기분전환을 한 뒤 잠을 자고 다음 날 테스트한 그룹.

이렇게 나누어 실험한 결과 ①과 ②의 차이는 없었으나, ③에 비해 ④는 나쁜 기억이 1/3로 줄어든 흥미로운 결과가 나왔다.

그렇다. 기억은 수면에 의해 뇌에 자리 잡기 때문에 부정적인 기분을 그대로 지닌 채 잠을 자면 부정적인 기억을 잊기는 커녕 오히려 기억을 강화하여 역효과를 부른다.

그러므로 직장에서 상사에게 언짢은 말을 들었거나 연인이나 가족과 다투었다면, 안 좋은 감정 그대로 잠자리에 들지 말고 뭔가 즐거운 일이나 기분이 좋아지는 일을 접한 뒤에 잠을 자는 것이 좋다.

잔뜩 화가 난 채로 잠자리에 드는 것은 물론, 홧김에 마시는 술도 기억을 강화하는 작용을 하므로 권하지 않는다. 좋아하는 예능 프로라도 보며 기분전환을 한 뒤 잠을 자도록 하자.

그럼, 장기적인 해결책도 살펴보자.

매사를 염려하며 비관적으로 생각하거나, 부정적인 생각을 하는 자신을 바꾸려면? 방법은 매우 간단하다. '쓰기'이다.

텍사스 주 서던메소디스트대학교 페니배이커Pennebaker J. W. 교수진의 실험에 따르면 4일 동안 '하루 15분, 부정적인 감정에 관해 쓰기'를 지속하자, 감정을 표출한 직후에는 부정적인 감정이 더 강해졌지만, 장기적으로는 긍정적인 사고로의 전환에 도움이 되었다고 한다.

실험이 끝나고 4개월 뒤 '자신의 감정을 글로 표출한 피험자'와 '방의 모습 등 표면적인 사실만을 적은 피험자'를 비교해보니 전자는 기분과 감정이 뚜렷이 개선되었고, 컨디션이 좋지 않은 날과 치료센터에 방문하는 횟수가 확연히 줄었다. 신체적인 건강에도 좋은 영향을 미친 증거이다.

글을 적을 때 '생각한다' '느낀다' '알았다'같이 사고나 이해에 관한 통찰어를 많이 사용할수록 부정적인 감정이 줄어든다는 사실도 확인했다. 자기 생각이나 감정을 더 깊이 파고들어 글로 써내는 과정이 중요한 이유이다.

만약 사고가 부정적인 방향으로 치우쳐 고민이라면, 자신의 감정을 어딘가에 꺼내 적어보는 습관을 들이면 좋겠다. 단, 자기 전에 '쓰기'를 하고 가볍게 기분전환을 한 뒤 즐거운 마음으로 잠자리에 드는 것을 잊지 말자.

부정적인 감정을 적어본다.

부정적인 감정을 싸매고 눕지 않는다.
예능 프로라도 보며 한 번은 웃고 자자.

02

자신감 결여

#소심함 #상처받기_쉬움 #유리멘탈

episode

"시계 대신 아침 방송을 본다. 오늘의 운세까지 보고 외출하는 것이 일상. 하필 오늘 아침 본 나의 별자리 운세가 최악이라니! 마치 저주의 주문처럼 머릿속에 달라붙어서 떠날 줄 모른다. 역에 도착해보니 전철도 지연되었다. 과연 오늘 하루를 무사히 보낼 수 있을까?"

누군가 무심코 던진 한마디나 사소한 행동에 상처받고 우울해진다. 유리멘탈의 소유자는 아무리 나이를 먹어도 요즘 사회에서 살아가기 버겁다. 금방이라도 부서질 듯한 유리멘탈은 10대만의 특권인데…… 이제는 단단한 정신력으로 무장하고 씩씩하게 사는 어른이 되고 싶다.

때로는 '사소한 일에 신경 *끄기*' '아무것도 아닌 일로 머리 싸매고 고민하지 않기!'라는 조언 자체가 상처의 원인이 되기도 한다. 무언가를 고민하며 침울한 사람은 원래 웃음이 적은 편일지 모른다. 웃는 얼굴에 관한 흥미로운 연구를 살펴보자.

캔자스대학교 크래프트Kraft T. L. 연구팀이 대학생 170명을 대상으로 스트레스와 웃는 얼굴에 관한 실험을 했다.

우선 학생들을 이렇게 세 그룹으로 나누었다.

① 웃지 않고 무표정을 유지한 그룹.

② 젓가락을 세로로 하여 끝을 물고 미소 짓는 얼굴을 유지한 그룹.

③ 젓가락을 가로로 물어 크게 웃는 얼굴을 유지한 그룹.

이후 학생들이 스트레스를 느끼도록 '얼음물에 1분간 손 담그기' '거울에 비친 대상물의 움직임을 평소에 쓰는 손이 아닌 손으로 쫓기' 등의 과제를 수행하게 한 뒤 심박수를 측정하거나 스트레스 수준을 스스로 평가하여 기록하도록 했다.

그 결과 ①에 비해 ②와 ③은 작업 중 스트레스를 덜 받은 것으로 나타났다. 특히 크게 웃는 얼굴을 유지한 그룹 ③은 작업 중 심박수도 안정적으로 낮게 유지되었다.

'얼굴은 웃고 가슴으로 운다'는 말처럼 울고 싶은 기분이어도 웃는 얼굴을 만들면 가라앉은 기분이 나아지고, 침울한 날에도 입꼬리를 올려 웃는 얼굴을 만들면 그것만으로도 무거운 기분을 가볍게 할 수 있다.

다른 사람이라면 신경도 쓰지 않을 말에 괜히 나만 기분 나쁘고 상처받는 것 같다면 우선 입꼬리를 끌어 올려보자. 처음에는 웃는 얼굴이 부자연스럽게 느껴지지만, 서서히 기분이 밝아질 것이다. 뇌는 몸의 움직임으로 자신의 상태를 판단하기 때문에 웃는 표정이면 '나는 지금 즐거운 상태이로구나'라고 착각하고 정말 기분이 좋아진다.

웃는 얼굴은 다른 사람이 보는 인상도 크게 좌우한다. 예를 들어 캘리포니아공과대학교의 오도허티O'Doherty, J. 연구팀이 fMRI(강한 자력을 사용하여 체내 혈류의 움직임을 단면도로 볼 수 있도록 고안된 자기공명영상 장치―옮긴이)를 사용하여 진행한 연구에 의하면, 다른 사람의 웃는 얼굴을 보면 대뇌보상계가 활성화된다고 한다. 즉, 웃는 얼굴은 상대방을 즐겁게 한다.

도호쿠공익문화대학교의 마시코益子 연구진의 연구에 따르면, 웃는 표정이 뚜렷할수록 그 사람의 활력, 지배력, 매력 그리고 호감도까지 높아진다고 한다. 웃는 얼굴이 여러 면에서 다른 사람에게 좋은 인상을 준다는 뜻이다.

쉽게 상처받아 소심해지는 사람은 자칫 타인의 평가에 지나치게 신경을 쓴다. 반대로 다른 사람에게 좋은 평가를 받는다면 상처받는 일이 적을 터. 사소한 일에 상처받고 몸과 마음이

너덜너덜해지는 당신이라면 '웃는 얼굴'로 영혼을 무장하여 기분이 밝아지는 변화를 경험해보기 바란다.

ACTION

일단 입꼬리 올리는
- - - - - - - - - - - - - - - -
연습을 해보자.
- - - - - - - - - - -

어제와 똑같은 내가 싫어서 심리학을 공부하기 시작했습니다

03

비뚤어짐

#심술보 #솔직하지_못함 #부정적인_생각

episode

"다음 주 주말, 팀의 YB들끼리 놀러 간다는 듯! '흥, 재밌겠군'이라고 생각하면서도 좀처럼 무리에 끼지 못한다. 힐끗힐끗 곁눈질하고 있자니 '○○ 씨도 같이 갈래요?'라고 물어온다. '그냥 마음이 쓰여서 어쩔 수 없이 한번 물어보는 거겠지, 그런 거라면 나도 딱히 가고 싶지 않다고. 그냥 머릿수 맞추려고 하는 것뿐이잖아?' 이런저런 부정적인 생각만 맴돈다. '내가 간다고 딱히 반길 사람도 없겠지'라는 바보 같은 생각만. 그러다 '그렇게 삐딱하게 받아들이지 말고……'라는 핀잔만 들었다."

■■■■■ '굳이 일부러 남들과 다른 것을 고
른다' '왠지 모르게 부정적이다' 뭔가 꼬인 사람들에게서 쉽게
볼 수 있는 패턴이다. 예를 들어 디저트를 사무실로 배달해 함
께 먹는 자리에서, 두 종류뿐인 것을 빤히 알면서 "나는 딸기
빵"이라고 대답하거나, A인지 B인지를 묻는데 완전히 다른 것
을 고르는 사람이 이런 경우이다.

모두 같은 의견을 내며 즐거워하고 있는데 분위기를 깨는 발
언을 해버리는 꽈배기 씨. 물론 새로운 시점을 제공하거나 '타
협하지 않겠어!'라는 의지를 가지는 일은 멋지다. 마땅한 이유
가 있다면 사람들에게 지지를 받겠지만, 이유 없는 심술보라면
커뮤니티의 화합을 불필요하게 흐트러뜨리고, 상사의 지시에
따르지 않는다는 부정적인 측면만 강조되어 '청개구리'로 낙

인찍히기 쉽다.

비뚤어진 언동이 잦은 사람은 '(심리적)리액턴스'가 강한 사람이다. 리액턴스란, 자신의 자유가 속박 당하는 느낌에 저항하는 것으로, 흔히 "OO 해요"라는 말을 들으면 오히려 의욕을 잃는 심리가 리액턴스의 대표적인 예이다. 이러한 심리는 누구나 이해할 수 있지만 '비뚤어졌다'는 사고 패턴으로 이어지면 주의가 필요하다.

습관적으로 비뚤어지는 자신의 모습을 바꾸고 싶다면 '나는 감정에 솔직한 사람이다!'라고 외쳐보는 방법을 추천한다. 인간은 자신의 말과 행동이 일치하지 않으면 불편함을 느끼고 자연스럽게 일관성을 유지하고자 행동한다(일관성의 법칙과 커미트먼트).

뉴욕대학교의 더치Deutsch M., 제러드Gerard H. B. 연구팀은 대학생 피험자 101명을 세 개의 그룹으로 나누어 각 그룹에게 특정 길이의 직선을 보여주고, 마음속으로 그 길이를 가늠해보도록 하는 실험을 진행했다.

① 스스로 판단한 직선의 길이를 종이에 적어 서명하여 제출한 그룹.

② ①과 마찬가지로 적되 다른 사람이 내용을 보기 전에 버린 그룹.

③ 판단한 수치를 '매직 패드'(들어 올리면 적었던 내용이 지워지는 전자메모장)에 적은 그룹.

연구팀은 이렇게 첫 판단 결과를 공식적으로 공유한 ①, 개인적으로 기록한 ②, 전혀 기록을 남기지 않은 ③을 설정하고, 처음에 내린 판단에 오류가 있었다는 점을 시사하는 증거를 제시한 뒤 길이를 다시 가늠하도록 하였다.

그 결과, 본인의 판단을 가장 많이 바꾼 것은 ③의 학생들이었다. 적어낸 증거가 전혀 남지 않은, 즉 자신의 머릿속에만 답이 남는 조건을 설정한 사람들이다. 그들은 자신의 판단이 틀렸다는 정보를 얻게 되자 바로 의견을 바꾸었다. 한편, ①의 학생들은 처음 공표했던 판단 수치를 부정할 새로운 정보를 얻어도 저항했다. 첫 판단의 일관성을 유지하고자 하였다.

다른 사람에게 자신의 의견이나 입장을 명확히 하는 것, 일관

어제와 똑같은 내가 싫어서 심리학을 공부하기 시작했습니다

된 인간으로 보이고자 하는 노력, 그렇게 되고자 하는 의식이 강하게 작용하는 현상을 '퍼블릭 커미트먼트Public Commitment'라고 한다. 쉽게 비뚤어지는 기질을 개선하고 싶다면 이 심리 효과를 활용해보자. 예를 들어, 동료나 친구에게 "나는 비뚤어지지 않았어! 아주 솔직한 사람이야"라고 선언해본다. 만약 선언이 너무 부담스럽다면 일기에 '내일부터는 솔직해지기'라고 적어보는 것도 좋다. 아무도 보지 않는 일기장에 적을 때만큼은 자신에게 솔직해지자.

'불언실행不言實行'보다도 '유언실행有言實行'이다. '말에도 영혼이 있어 운명을 좌우한다'라는 격언처럼, 자신이 내뱉는 말은 반드시 이상적인 모습에 가까워지는 데 조력자가 되어줄 것이다.

ACTION

'나는 감정에 솔직하다!'라고 외쳐본다.

입 밖으로 꺼내는 것이 부끄럽다면
일기장에라도 적어보자.

04

지나치게 높은 자존심

#지고는_못_살아 #오만 #자신감_과잉

(episode)

"본인이 맡은 과제가 과중하다는 사실은 이미 알고 있다. 상사가 기대하고 있다는 부담감에 능력을 인정받고 싶은 마음이 더해져 '못 하겠다'라는 말은 차마 안 나온다. 다른 사람에게 도와달라는 말도 절대 불가. 더군다나 세상은 온통 일하는 방식을 혁신하는 데 매진 중이다. 시류에 맞추느라 회사에선 야근도 못 하고 몰래 집에 일거리를 가져와 늦게까지 일하는 것이 일상이 되었다. 사내 공모전에서는 동기가 리드한 팀이 최우수상을 수상했다. 자신의 패배가 명백하지만 '축하해'라는 세 글자는 도무지 못 쓰겠다."

■■■■ '다른 사람에게 부탁하면 안 돼, 약한 모습 보일 수 없어, 실패를 인정할 순 없지, 칭찬은 도저히 못 하겠다……' 지나치게 높은 자존심으로 자신을 스스로 피곤하게 만들고 있지는 않은가? '자존심'이라는 말은 일반적으로 '자신이 훌륭한 사람이라고 믿는 마음'을 의미한다. 높은 자존심에 숨겨진 심리를 들여다보자.

시카고대학교의 고프만Goffman E. 박사가 밝힌 '페이스 워크 Face Work'라는 개념에 따르면, 사람은 누구나 사회생활을 영위하며 인간관계에 관한 기본적인 욕구 '페이스=체면'을 가진다고 한다. 이 페이스는 다음의 두 가지로 나뉜다.

① 적극적인 페이스Positive Face : 좋은 이미지로 보이고 싶고 타

인에게 인정받고 싶은 욕구.

② 소극적인 페이스Negative Face : 자신의 영역을 타인에게 방해
받고 싶지 않은 욕구.

자존심이 센 사람은 체면을 차리는 특징을 보이는데, 특히
'적극적인 페이스'가 강한 경향이 있다. 자신만만해 보이지만
사실은 다른 사람에게 인정받고 싶은 욕구가 강하다.

자존심이 센 것을 결점이라고 할 수 없다. 누군가에게 약한
모습을 보이고 싶지 않은 만큼 본인이 필사적으로 노력하기
때문에 언젠가 반드시 결실이 있을 것이다. 다만, 자존심이 너
무 세거나 불필요한 상황에서 발휘되면 본인뿐 아니라 주변
사람들까지 동요하게 된다. 이런 상황을 경험한 적이 있다면
자존심의 근원에 자리 잡은 '인정받고 싶은 욕구'를 채울 방법
을 고민해보자.

타인에게 인정받는 방법은 무엇일까. 답은 간단하다!
'인정받고 싶다면 상대방을 먼저 인정하라' '칭찬받고 싶다
면 상대방을 먼저 칭찬하라.'

어제와 똑같은 내가 싫어서 심리학을 공부하기 시작했습니다

심리학에는 '반보성返報性'이라는 개념이 있다. 인간은 누구나 다른 사람에게 받은 태도를 그대로 되돌려주려는 성질이 있다. '당한 만큼 돌려준다' '눈에는 눈, 이에는 이' 등의 말이 조금 격하게 들리긴 하지만 적의뿐만 아니라 호의, 자기표출, 양보 등 긍정적인 면에도 이는 작용된다.

코넬대학교 리건Regan D. 교수팀은 '호의의 반보성(호전성)'에 대한 실험을 진행했다. 1회당 두 명의 피험자에게 미술 감상을 하도록 하고 그중 한 명에게는 서포터(바람잡이) 역할을 맡게 했다. 휴식 시간이 되면 서포터가 10센트짜리 콜라를 두 병 사서 한 병을 상대에게 선물한다. 그리고 미술 감상을 마친 뒤 서포터가 "제가 쉐보레 콜벳이 경품으로 걸린 응모권을 25센트에 판매하고 있는데 괜찮으시면 한 장 사시겠어요? 가장 많은 응모권을 팔면 50달러의 상금을 받을 수 있어요"라고 말을 꺼낸다. 조금 수상쩍게 생각하지만, 결과적으로 콜라를 받은 경우는 받지 않은 경우보다 60~90퍼센트나 더 많이 응모권을 구입했다!

호의에는 호의로 보답한다. 이것이 인간이다. 물건이나 돈과 관련이 없어도 작은 호의나 친절한 말 한마디라도 받으면 돌려주고 싶어진다.

　자존심이 세고 인정받고 싶은 욕구가 강하다면 그것은 그것대로 좋으니 바꿀 필요는 없다. 다만 자신이 먼저 다른 사람을 인정하고 칭찬하자. 소소한 장점이라도 발견하면 "좋네요" "멋지네요"라고 말을 걸어보자. 그러면 상대방도 자연스럽게 당신의 훌륭함을 주목하고 인정할 것이다. 인정받고 싶은 욕구를 충족하며 주위와 우호적인 관계를 쌓아나가면 지나치게 높은 자존심도 적당히 안정될 것이다. 그리고 언젠가는 '벼는 익을수록 고개를 숙인다'는 말처럼 사회적 지위가 높아도 허리를 낮출 수 있는, 겸손하고 멋진 사람이 되기를 희망하자.

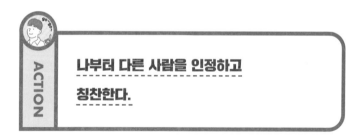

ACTION

나부터 다른 사람을 인정하고
칭찬한다.

　　　　어제와 똑같은 내가 싫어서 심리학을 공부하기 시작했습니다

05

참견

#오지랖 #뒤치다꺼리

episode

"문득 웅성거림이 느껴져 귀를 기울여보니 옆 팀에서 거래처와 문제가 생긴 듯하다. 상대는 전에 내가 담당했던 기업의 A과장인 듯. 손 놓고 지켜볼 수가 없어서 모두 보란 듯이 A과장에게 전화를 걸었고 몇 시간 걸려 대충 마무리를 지었다. 뿌듯함에 취해 전화를 끊고 분명 모두가 나에게 고마워하리라 생각했는데…… 사무실에 왠지 모를 냉랭함만 흐른다."

남을 위해 먼저 적극적으로 나서는 것은 아무나 할 수 있는 행동이 아니며, 매우 훌륭한 모습이다. 그때 그 마음을 잃지 않기를 진심으로 바란다. 그런데 자신이 필요하지 않은 상황에 먼저 나서서 참견하면 문제가 된다. 이런 행동이 좋은 결과로 이어지면 다행이지만, 오히려 역효과를 가져와 '성가신 사람' 또는 '자기주장이 너무 강한 사람'으로 낙인찍히는 일도 있다. 이런 상황은 안타까울 뿐이다.

캘리포니아대학교 류보머스키Lyubomirsky S. 연구팀은 다른 사람을 위해 행동할 때 인간에게 어떤 변화가 나타나는지 확인하는 실험을 진행했다. 모든 피험자에게는 '친절한 행동을 일주일에 5회, 6주 동안 진행하라'는 미션을 제시했다. 하루에 5회든, 3일에 5회든, 7일에 5회든 상관없다. 여기서 말하는 '친

어제와 똑같은 내가 싫어서 심리학을 공부하기 시작했습니다

절한 행동'은 돈과 연관되지 않은 것이라면 무엇이든 좋다. 봉사활동이나 청소, 헌혈 등 자유롭게 선택하여 실천하며, 친절을 베푸는 상대는 완전히 모르는 타인부터 친구 등 다양하게 허용하였다.

6주 후 친절한 행동을 실천한 사람과 실천하지 않은 사람을 비교한 결과, 전자 쪽의 행복감이 높다는 사실을 확인할 수 있었다. 타인을 위해 친절한 행동을 하면 자신도 행복을 느낄 수 있다.

여기서 눈여겨볼 점은 실천 방법에 따라 완전히 다른 결과가 나왔다는 것이다. 실험 결과 '일주일 중 하루만, 5회를 모아서 실행' 옵션이 가장 효과적이었다. 친절한 행동을 무조건 많이 한다고 좋은 것은 아니라는 의미이다.

오지랖과 친절함은 한 끗 차이이다. 상대가 그 행동을 '원하느냐' '원하지 않느냐'에 따라 달라진다. 오지랖으로 발전하기 쉬운 사람은 '아무때나' 행동에 옮기지 않도록 의식적으로 남에게 마음 쓰는 횟수를 줄여보라. '일주일에 하루만 다섯 번, 다른 사람을 위해 움직인다'라는 마음으로 행동해보자. 그리고 행동하기 전에 잠시 멈추고 '상대방이 정말 이것을 원하는가'

를 생각해보고 대상을 좁혀보는 것도 좋다. 선의를 베푸는 대상을 좁혀 행동하는 편이 상대방과 당신 모두 행복해지는 길이다.

'1일 1선'이라는 가르침이 있지만, 매일 반복하면 사실 뇌에 역효과이다. 루틴해지면 뇌가 더는 자극을 받지 않는다. 이것을 '뇌의 순화'라고 한다. '작심삼일' '미인도 3일이면 질린다'는 말도 같은 이치이다. 자극도 반복하면 뇌에는 더이상 자극이 되지 않는다.

친절한 마음을 하루에 모아 행동해보며 성취감도 얻고, 평소와 다른 행동으로 뇌를 자극하여 자신의 행복감도 높여보길 권한다.

ACTION

참견하고 싶은 일을 신중히 고민하여 선택한다.

일주일에 하루, 총 5회가 적당하다.

어제와 똑같은 내가 싫어서 심리학을 공부하기 시작했습니다

냉담

#쌀쌀맞음 #무관심 #담백

"소비자가 클레임을 걸어 드러난 자사의 서비스 문제. 이 건을 계기로 여기저기서 항의가 쇄도하며 큰 소동으로 발전할 위기 상황에 봉착하였다. '나랑 상관없어서 천만다행'이라고 생각하며 '나 몰라라' 하고 있자니 왠지 시선이 따갑다. 뒤에서 '사람이 매정해, 어떻게 저렇게 차가워'라며 수군거리는 소리가 들리는 듯하다."

나는 나, 너는 너. 사회인이라면 무릇 '자기책임'이 중요한 법이다. 그렇지만 눈앞에서 누군가가 곤란을 겪고 있는 상황을 보고도 그냥 지나치거나, 자신과는 상관없는 일이라고 모른 척하는 태도로 일관한다면 사회인답지 못하다.

어렸을 적 부모님이나 선생님에게 "상대방의 입장에서 생각하라"고 핀잔을 듣거나, 연인과 다툼이 있을 때 "냉정한 인간!" "아무것도 모르면서! 남의 일에 관심이라고는 1도 없고 피도 눈물도 없는 인간, 무책임한 인간!"이라며 질타를 받은 적이 없는가.

이런 성격이라면 앞서 말한 참견 잘하는 사람과 정반대인 사람이다. 태생적으로 냉담한 성격이다. 자라온 환경 탓이라 말하며 바꿀 수 없다는 사람도 있을지 모르겠으나 그렇지 않다,

바꿀 수 있다. 인간의 뇌는 유연하다.

취리히대학교 싱가Singer T. 연구팀의 연구에 따르면 어른일지라도 어떤 트레이닝을 하느냐에 따라 친절함이나 관용을 기를 수 있다고 한다. 싱가 연구진이 수행한 트레이닝은 다음과 같다.

① 공감 트레이닝

괴로웠던 경험을 떠올리고 연속하여 가까운 사람이 힘들어하는 모습을 떠올린다. '나는 당신의 괴로움을 나눌 수 있습니다' '나는 당신의 괴로움을 이해합니다' 같은 말을 되뇌며 공감력을 키운다. 그 후 공감의 대상을 모르는 사람 그리고 전 인류로 점차 넓혀간다.

② 동정 트레이닝

괴로웠던 경험을 떠올리고 '나를 동정하는 마음으로 이겨내기' '나는 괜찮다' 같은 말을 되뇌며 따뜻함이나 배려심으로 발전시킨다. 이 동정심의 대상을 가까운 사람부터 중립적인 사람, 모르는 사람 그리고 전 인류로 점차 넓혀간다.

③ 기억 트레이닝

평소 지나는 길목에서 쉽게 발견할 수 있는 아이템에 기억하고 싶은 단어를 순서대로 연결한다. 예를 들어 '펭귄' '까마귀' '비둘기'를 기억하고 싶을 때, 집에서 역까지 가는 코스를 기준으로 '우편함' '일시 정지 표지판' '건널목' 등 등장하는 순서에 기억하고 싶은 단어를 연결하는 방법이다.

한쪽 그룹은 ①과 ②의 방법을 실행하게 하고, 다른 한쪽 그룹은 비교를 위해 ③을 수행하게 했다. 그 후 일상적인 상황에서 누군가 괴로움을 겪고 있는 영상을 보여주고 그 반응을 살펴본 결과, ①과 ②를 수행한 사람은 하지 않은 사람보다 강한 동정심을 품게 되었고, ②의 동정 트레이닝을 받은 이후에는 괴로운 영상을 보고 부정적으로 동요하는 폭이 줄어든 것을 확인했다. 또한, 같은 연구를 통해 뇌의 기능에도 변화가 있음을 fMRI를 통해 명확하게 밝혔다.

싱가 연구팀의 다른 논문(Leiberg et al, 2011)에 따르면 동일한 트레이닝을 진행한 피험자들은 타인을 도와주는 행동을 하였다고 한다.

인간은 타인과 함께 사회를 만들어 자연계의 생존 경쟁에서 살아남은 생물이다. 그리고 다른 사람과 연결되는 도구로서 공

어제와 똑같은 내가 싫어서 심리학을 공부하기 시작했습니다

감을 이용해왔다. 공감은 이른바 인류를 이어주는 '밧줄'이다. 누군가에게 공감할 수 없는, 다른 처지의 다양한 사람에게 마음을 쓰고 호의를 갖기 어렵거나 상상력이 없다고 생각하는 사람은 싱가의 트레이닝을 꼭 한번 실천해보자. 부모나 친한 친구, 연인, 개나 고양이 등 자신에게 소중한 존재를 떠올리고 다정한 마음을 나눌 대상을 넓혀본다. 이런 이미지 트레이닝을 매일 단 3분이라도 해본다. 통근하는 지하철에서, 점심을 먹으면서, 반신욕을 하면서 등 언제 어디서든 상관없다.

인간만사 새옹지마. 누군가에게 전한 다정한 말이나 따뜻한 마음은 언젠가 자신에게 돌아온다. 공감력을 높여 자신을 둘러싼 세계를 따뜻하게 만들어가면 힘겨운 세상일지라도 즐겁게 살아갈 수 있다.

ACTION

머릿속으로 정을 나누는 이미지 트레이닝을 한다.

07

쉽게 화가 난다

#성질이_급하다 #짜증 #안달

episode

"기획서를 작성하여 상사에게 제출했으나 이래저래 트집만 잡히고 퇴짜 맞았다. 따지고 싶은 마음은 굴뚝같지만, 꾹꾹 누르고 반나절 걸려 수정한 후 다시 제출. 찝찝한 기분으로 퇴근하는데 역 개찰구에서 우물쭈물 흐름을 막고 있는 놈이 있다. 아~ 짜증. 편의점 점원의 무성의한 태도에 또 짜증. 상사 때문에 아무튼 하루가 말짱 꽝이다."

■■■■■ 　　　　쉽게 부글부글하는 당신의 뇌 속에
는 지금 몸속의 모든 피가 모여 있을지 모른다.

쉽게 화를 내는 사람을 가리켜 '머리에 피가 몰리기 쉬운 사람'
이라고 하는데, 사실 이 말은 뇌과학의 관점으로 봐도 사실이다.
부정적인 감정은 뇌의 '대뇌변연계'에서 발생한다. 대뇌변연계는
분노나 공포, 불안 등의 감정을 주로 관장하는 부위를 포함한다.
화를 내면 대뇌변연계에 혈류가 급속히 몰려 그 움직임을 활성
화한다. 쉽게 화를 내는 사람, 자주 안절부절못하는 사람이라면
'대뇌변연계가 활성화되기 쉬운 사람'이라고 표현할 수 있다.

미시간주립대학교 모서Moser, J. S. 연구진이 분노의 감정 변화
를 연구했다. 피험자를 두 그룹으로 나누어 혐오감을 느낄 만
한 영상을 보여준 뒤, 한 그룹에는 마음속으로 '지금 어떤 기분

을 느끼는가?'라고 1인칭으로 자문자답하게 하고, 다른 한쪽은 '지금 그는 어떻게 느끼는가?'라고 3인칭으로 이야기하도록 했다. 그리고 그때의 뇌파를 측정한 결과 커다란 차이를 보였다. '나'라고 1인칭으로 말할 때보다 '그'라고 3인칭으로 자신을 묘사할 때 감정에 관한 대뇌변연계의 활동이 급격하게 둔화하였다.

화가 머리끝까지 치밀어 오르는 상황에서, 마치 타인에게 일어난 일처럼 감정을 3인칭으로 묘사하면 자신을 객관화할 수 있고, 분노의 감정을 억누를 수 있다.

이 실험에서는 감정의 반대편인 이성을 관장하는 부위인 '대뇌신피질'을 활성화하면, 감정의 제어가 가능하다는 사실도 확인했다. 에너지 보존 측면에서 대뇌신피질이 활발해져 더 많은 에너지를 사용하면 그만큼 대뇌변연계가 사용하는 에너지가 적어진다. 그러면 감정(대뇌변연계)보다 이성(대뇌신피질)이 우위가 되어 자연스럽게 분노가 잦아드는 원리이다.

논리적인 생각을 하면 이성이 활발해지는 원리이므로 1백 칸 계산법이나 스도쿠 등의 로직 퍼즐에 집중해보는 것도 좋다.

어제와 똑같은 내가 싫어서 심리학을 공부하기 시작했습니다

분노의 주된 원인은 스트레스이다. 캘리포니아 하트매스 HeartMath 연구소의 글렌 레인Glen Rein 연구팀의 연구에 따르면 '5분 동안 분노하면 다섯 시간 동안 면역력 저하를 가져온다' 고 한다. 분노, 질투, 증오 같은 부정적인 에너지는 상대방은 물론 자신에게도 상처를 준다. 그야말로 '누구 좋으라고?'이다.

분노의 감정에 휘둘려 계속 붉으락푸르락하고 있을지, 냉정을 되찾아 다음 단계로 나아갈지, 어느 방향이 더 현명한지 당신은 이미 알고 있다. 분노의 감정에 질질 끌려가는 자신을 발견했다면 자신을 화나게 한 상대는 지금 어떤 상태일지 상상해보자. 어차피 상대는 그 사안 자체를 잊은 지 오래이다. 한창 SNS상에서 화제였던 책《그 녀석, 지금 파르페나 먹고 있을 거야》를 떠올려보자. 상대방은 조금도 신경 쓰지 않고 있는데, 나 혼자 불쾌한 기분을 끝도 없이 끌어안고 있다면 너무나 바보 같은 짓이다.

물론 "피가 거꾸로 솟는데 논리적인 생각 따위를 어떻게 하나!" 하는 사람도 상당수일지 모른다. 그럴 때는 우선 크게 심호흡을 해보자. 노스웨스턴대학교 엘리 핀켈Eli J. Finkel 교수팀의 연구에 따르면 분노는 10초 정도 참으면 어느 정도 잦아든다고 한다. 짜증은 뇌의 대뇌변연계에서 일어나고 대뇌신피질에서는 그것을 억누르는데, 대뇌신피질이 움직이기 시작할 때까지 몇 초 정도 걸린다. 심호흡을 하고 시간을 조금 띄우면 대뇌신피질이 작용하기 전까지 기다릴 수 있게 된다.

앞서 말한 대로 분노는 다섯 시간만큼의 면역력 저하를 가져오지만, '한 시간 정도 재미있는 영상을 보며 긍정적인 감정을 일으키면 열두 시간 동안 면역력이 높아진다'는 사실도 로마린다대학교 의과대학 버크Berk L. 교수팀의 연구로 밝혀졌다. 옛말에 '웃으면 복이 온다'는 말이 있듯 심호흡 한번 크게 하고 자신을 객관화하여 웃음으로 마무리 지어보자. 무엇이든 플러스로 바꾸어나갈 수 있는 정신력은 인간관계뿐 아니라 인생에서도 승리를 가져다준다.

ACTION

자신의 상황을 3인칭으로 묘사해본다.

우선은 크게 심호흡!

어제와 똑같은 내가 싫어서 심리학을 공부하기 시작했습니다

08

완벽주의

#사소한_부분이_신경_쓰인다 #신경질 #집착

episode

"집은 늘 깨끗하지만, 리모컨 위치가 조금 틀어져 있거나 옷장에 옷이 가지런하지 않으면 신경이 쓰이고 세세한 부분이 눈에 거슬린다. 공들여 만든 완벽한 자료를 제출했는데, 상사에게 '이렇게까지 완벽하지 않아도 되니까 산뜻하게 만들어서 잽싸게 가져와 주는 편이 좋아'라는 말을 들었다. 완벽함을 과하게 추구하다 업무 지연으로 주의를 받거나 이중으로 품이 들기도 하는 등의 괴로운 경험을 해본 적이 있는가?"

이렇게 세세한 부분이 눈에 들어오거나 집착이 과한 타입은 꼼꼼하고 성실한 완벽주의자라고 할 수 있다. "어깨에 힘을 빼봐" "그런 사소한 부분까지 신경 쓰지 않아도 돼" "괜찮아 어떻게든 되겠지" 같은 충고가 귀에 들어오지 않는 타입이다. 주위 사람들에게 신뢰를 얻을진 모르겠으나 정작 본인은 '살기 피곤하다'고 느낄 수도 있다.

인간은 불안을 느끼는 존재이기 때문에 어느 정도의 준비와 노력이 필요하며, 불안이 원동력이 되기도 한다. 하지만 완벽주의인 사람은 불안을 너무 강하게 느끼는 경향이 있다. 완벽주의가 '강박성 장애'에 가까운 부분이 있기 때문에, 지바대학교 이시카와 료타로石川亮太郎 연구진은 강박성 장애 경향이 있는 남성을 대상으로 완벽주의에 관한 실험을 실시했다. 이 실

어제와 똑같은 내가 싫어서 심리학을 공부하기 시작했습니다

험에서 실시한 인지 행동요법 사례를 살펴보면 완벽주의가 강박성 장애에 가까운 부분이 있다는 점을 알 수 있다.

이 남성은 친구 집에서 놀다가 자기 집으로 돌아가려고 자신의 가방을 어깨에 멜 때 '어깨에 멘 가방이나 다른 물건이 가스난로에 닿아 불이 난다'는 강박관념이 발동해 화기 주변을 집착적으로 확인했다고 한다. 어깨에 멘 가방만으로 점화할 수 있는지를 검증하고, 가스난로의 스위치가 단단하여 가방이 닿거나 짓눌려도 불이 붙지 않는다는 것을 실험으로 증명했다. 결과를 확인한 남성은 점차 친구 집에 가도 화기 주변을 확인하지 않고 귀가할 수 있게 되었다.

이것은 불안 요소를 실제 체험으로 단계적으로 제거하여 마침내 크게 신경 쓰지 않게 된 사례인데, 이런 과정을 혼자 실천하기는 좀처럼 쉽지 않다. 하지만 이 사고방식을 통해 '하지 않아도 의외로 괜찮았다!'라는 경험을 쌓아가는 것이 중요하다.

불안감이 바탕에 깔린 완벽주의자의 철저하고 꼼꼼한 면이 장점으로 발휘될 때도 있지만, 강박에 가까운 성격을 개선하고 싶다면 '일부러 실수해보기' 방법을 추천한다. 프레젠테이션 자료를 작성할 때는 구성 요소를 정하는 단계에서 상사에게 제출해본다. 메일을 쓸 때는 지나친 정성을 쏟지 않고 요점만 쓴다. 메일을 쓰다보면 무심코 길어지는 타입이라면 메신저 채팅을 활용한다. 사내 메일이나 채팅이라면 속도가 중요한 경우가 많으니 굳이 오타까지 체크하지 말고 보내기를 시도해본다. 한번 하기 시작하면 좀처럼 손을 떼기 어려울 때는 '무조건 10분 안에 끝내자'라고 시간을 정해두는 것도 하나의 방법이다.

'어디까지 힘을 빼도 괜찮을까?' → '의외로 여기까지는 괜찮았다!'라는 경험을 쌓아 자신에게 부과한 지나치게 높은 기준을 서서히 낮추어가자. 여기서 명심할 점은 누군가에게 도움을 받거나 타이머를 사용하거나 강력한 규칙을 만드는 등의 조금 강제적인 환경을 만들어야 한다는 점이다.

완벽주의자는 아마도 그렇지 않은 사람에 비해 실수를 매우 적게 할 것이다. 원래부터 꼼꼼한 업무처리로 인정받는 상황이니 작은 실수는 오히려 매력적이고 인간적으로 느껴진다. 심리학에서 말하는 '게인 로스 효과(Gain-Loss effect, 부정적인 첫인상 이후 긍정적인 점을 발견하면 더욱더 긍정적으로 작용하는 심리 효과—옮긴이)', 흔히 말하는 '츤데레(언뜻 쌀쌀맞고 차가워 보이나, 실제로는 따뜻하고 다정한 사람을 이르는 말—옮긴이)' '반전 매력'

같은 개념이다. 완벽하지 않다고 겁내지 마라. 완벽하지 않기에 인간이다. 진부한 대사 같지만, 진실일지 모른다.

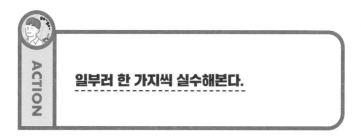

ACTION

일부러 한 가지씩 실수해본다.

09

우유부단

#결단력이_없다 #우물쭈물 #주저 #머뭇

episode

"인생은 선택의 연속이다. 어느 학교에 들어갈지, 어느 회사에 입사할지, 누구와 결혼할지 등의 중대한 선택부터 아침에 편의점에서 아침 메뉴로 무엇을 고를지, 점심에는 무엇을 먹을지, 어떤 옷을 살지 등의 사소한 선택까지, 우리는 늘 결정을 하며 살아간다. 그런데 크고 작은 변수들로 혼자서는 좀처럼 결정을 못 하는 우유부단 캐릭터도 꽤 많다."

'기회라는 놈은 이마에만 머리카락이 있고, 뒤통수에는 머리카락이 없다. 만일 기회와 마주친다면 앞머리를 낚아채라. 한번 놓치면 신이라도 이것을 잡을 수 없다'라는 말이 있듯, 호기를 놓치지 않는 결단력이 중요하다.

좀처럼 결정을 못 내리는 사람이 있는가 하면, 무엇이든 재빨리 결정해버리는 사람도 있다. 옷을 살 때도 쉽게 결정하고, 회사가 자신과 맞지 않는다는 생각이 들면 바로 이직 활동을 시작하여 이직 자리를 정하는 등 결단력이 있는 사람은 자신의 결정에 자신감이 넘친다.

반대로 말하면 우유부단한 사람은 '자신의 결정에 자신이 없는 사람'이라고 말할 수 있다. 요즘 세상에는 정보가 넘치고 선택지도 너무 많기 때문에 전반적으로 사람들의 결단력이 약해지는 듯하지만, 자신감 있게 결정하는 누군가가 있다면 그 사람을 따라서 해보자.

식사나 회식 장소를 결정할 때에는 장소를 추천해주는 사이트를 참고하거나 평소에 눈여겨본 리뷰어가 높이 평가한 곳을 고르는 사람이 많다. 이런 방식을 일상생활에 접목해보는 것도 유용하다. 예를 들어 직장 상사나 동료, 가까운 친구 등 믿을 수 있는 사람을 정한 뒤 '이럴 때 저 사람이라면 이렇게 하겠지' 하며 그 사람을 따라서 해보는 것이다.

서던덴마크대학교 연구팀은 1만 4천 명의 데이터를 분석해 '취향이 비슷한 사람들이 선택하는 것을 따르는 경우'와 '대부분의 사람이 선택하는 것을 따르는 경우' 중 취향이 비슷한 사람의 선택을 따르는 편이 결과가 좋다는 사실을 확인했다(다만, 공통된 경험이 적은 경우는 많은 사람의 선택을 따르는 것만으로도 좋은 결과를 얻을 수 있었다).

유명한 뮤지션들도 자신이 '신'으로 여기며 동경하는 뮤지션을 따라서 하다가 음악을 시작하게 되었다는 이야기를 자주 한다. 나도 기타를 막 시작했을 때는 헤비메탈 밴드인 라우드

니스LOUDNESS의 곡을 마구 흉내 내었다. 춤 레슨도 처음에는 지도 강사를 흉내 내는 것에서 시작하듯, 잘하는 사람을 따라 한다고 반칙은 아니다. '따라 하기'부터 시작해 재능을 발견한 아티스트처럼 '선택 장인'의 프로세스를 흉내 내어 몸에 익히면 언젠가 스스로 쉽게 결정하는 날이 온다.

비즈니스 세계의 성공 법칙으로 '철저하게 따라 하라'라는 말이 자주 인용된다. '모방은 창조의 어머니'라는 말도 있듯, 무언가를 완벽하게 모방 발전시켜 성공한 비즈니스 사례는 차고 넘치게 많다. 산업이나 예술도 모방에 의해 발전해왔다.

이전 사람이 쌓아올린 것을 모방이라는 이유로 딱 잘라버리지 말고, 경외심을 갖고 지혜를 빌려 쓰되(경외심 없이 통으로 베끼는 행위는 잘못), 자신만의 독창성이 있는 무언가로 발전시켜 나가면 된다.

마찬가지로 우유부단한 사람은 취향이 비슷한 사람의 선택을 따라 하다보면 그만큼 실패를 줄일 수 있다. 예를 들어 자신과 취향이 비슷한 맛집 블로거를 찜해두고, 그 사람의 리뷰를 보며 선택하면 실수가 적어진다.

이와 유사하게 다양한 상황에 맞닥뜨리면 취향이 비슷한 사람을 찾아 그 사람의 선택을 참고한다. 우선은 이렇게 결단력 부족을 조금씩 해소해가자. 반복하다 보면 닮고 싶다고 생각했던 사람의 선택과 비슷한 경우가 많아진 자신의 모습을 발견할 수 있게 된다. 그다음은 자신의 마음속 소리를 믿고 행동하면 된다.

ACTION

닮고 싶은 사람을 정해서
따라 해보자.

어제와 똑같은 내가 싫어서 심리학을 공부하기 시작했습니다

10

쉽게 휘둘린다

#중심이_없다 #이랬다저랬다

"아침 출근길, 잘 달리던 지하철이 역과 역 사이에서 급정차했다. 안내
방송도 없이 한참 지난 뒤에야 겨우 전철이 움직이기 시작하더니, 다음
역에서 다시 시간 조정이 있었다. 승객들이 동요하며 환승하겠다고 우
르르 내리기에 나도 무심코 따라 내려 환승을 했다. 그런데 다른 노선으
로 갈아타 회사에서 멀어질 뿐이었다."

뉴욕대학교의 더치와 제러드 연구진은 집단에 대한 동조를 '규범적 영향'에 의한 것과 '정보적 영향'에 의한 것, 두 가지로 나누었다. 규범적 영향이란 '집단으로부터 인정받고 싶다' '규제를 피하고 싶다'라는 욕구가 바탕이 되어 집단규범에 부합하는 태도나 행동을 취하는 경향성을 말한다. 정보적 영향이란 '옳은 결단을 내리고 싶다'는 욕구가 바탕이 된 것으로, 무엇이 옳은지 알 수 없을 때 다른 사람이나 집단의 말과 행동을 올바른 것으로 받아들이고 그것에 맞는 행동을 취하는 경향성을 말한다. '가보지 못한 곳이나 익숙하지 않은 장소에서 어디로 가면 좋을지 모르겠다'라는 상황처럼, 정보가 적을수록 사람은 정보적 영향을 받기 쉽다고 알려져 있다.

어제와 똑같은 내가 싫어서 심리학을 공부하기 시작했습니다

그런데 규범적 영향으로 생긴 무서운 사건이 있다. 1955년 미국 인디애나 주의 제임스 워런 존스는 '인민사원'이라는 사이비 종교 집단을 설립하고 인종차별 철폐를 내세우며 시대의 영웅이 되고자 했다. 1973년 이 교단은 가이아나 서부의 정글을 개척하여 이른바 '존스타운'이라는 마을을 만들고 외부 세계와의 교류를 차단한 채 자급자족 생활을 시작했다. 많은 신자가 몰리자 사회적인 비판에 노출되었고 사건 사고가 자주 발생했다. 그러다 1978년 리더를 따라 약 9백 명이나 되는 신도가 집단자살을 단행했다. 이는 정보가 차단된 환경에서 교단의 리더가 자살이라는 길을 제시하자, 신도가 그것을 집단규범으로 받아들인 비극적인 사례이다.

스스로 결정하기 어렵다면 무엇인가에 의지하여 단시간 내에 결정해보는 것도 빠른 결과를 얻기에 좋은 방법이다. 아홉 번째 주제인 '우유부단'에서 언급한 대로 다른 사람을 따라 결정하는 방법도 있다.

물론 타인의 영향에 지나치게 휘둘리면 위험하다는 것을 앞의 '인민사원' 종교 집단의 사례(조금 극단적인 사례이지만)를 통해 확인했다. 본인이 결정을 어려워하고 타인에게 휘둘리기 쉬운 타입이라고 생각한다면 누구의 의사도 참고하지 않고 우연성에 기대어 결정하는 것도 방법이다.

시카고대학교 경제학과 교수인 스티븐 레빗Steven Levitt은 '인생의 중요한 선택의 갈림길에서 결정을 내리지 못하는 사람은 어떻게 선택해야 하는지'를 조사하기 위해 '동전 던지기'가 가능한 웹 사이트를 만들었다. 결정하기 어려운 내용을 적어두고 화면상에서 동전을 던진다. 앞면이 나오면 'Go', 뒷면이 나오면 'Stop'이라는 메시지가 뜬다. 대단히 심플한 방법이다. 그리고 고민이 있어 동전 던지기를 한 사용자 4천 명의 인생이 어떻게 변했는지 1년간 추적 조사를 진행했다. 기록한 내용 중 가장 많았던 고민은 '지금 하는 일을 그만둘지 말지'였고, 그 다음이 '이혼을 할지 말지'였는데, 사용자 중 63퍼센트가 동전 던지기의 결과에 따랐다. 그리고 동전의 앞면이든 뒷면이든 고민 해결을 위해 무언가를 행동에 옮긴 사람은 반년 후 행복도가 더 높아졌다는 결과가 나왔다.

결국 무엇을 선택하든 어떻게 흘러갈지 알 수 없는 것. 어떻게 할지 이것저것 고민하면 시간 낭비이다. 자신은 A라고 생각했지만 누군가가 B라고 하면 B일지도 모른다고 생각해버리고, 타인의 의견에 좌우되어 결국 하지 않고 후회하는 일이 많다면, 하지 않고 후회하기보다 해보고 후회하는 쪽을 택하자. 동전 던지기로 단순하게 결정해보자.

ACTION

우연성에 기대어
- - - - - - - - - - - - - - -
동전 던지기로 결정해보자.
- - - - - - - - - - - - - - - - - -

11

성격이 급하다

#쓸데없이_바쁨 #재촉 #마음이_앞서다

episode

"모든 일은 바로 해버려야 직성이 풀린다. 행동이 빨라 '일이 빠른 사람'
이라는 평가도 듣는다. 자신은 예상보다 빠르게 진도를 진행하니 상대
에게도 같은 속도를 기대하지만, 주변 사람들은 세상 느긋해. 무심코 독
촉하면 '성격 참 급하네' '빠르기만 하고 심란하면 의미가 없지 않냐'는
핀잔만 돌아온다. 혼자 전전긍긍하는 것도 이제 더는 못 참겠다!"

일도 공부도 빠른 실행은 정말 멋진 자세라고 생각한다. '쇳덩이를 뜨거울 때 두드려야 한다'라는 말에 공감하며, 나는 강연을 할 때마다 늘 '정보' '스피드' '애정' '나중으로 미루는 것은 바보가 되는 길' '생각이 들면 바로 착수하라' 등을 강조한다. 다만, 마감일이 설정되어 있을 때 혼자만 빨리 움직이는 것이 아니라, 다른 사람까지 이유 없이 재촉하는 버릇은 피하는 것이 좋다.

또 '서두르면 손해'라는 속담도 있듯, 너무 서두른 탓에 완성도가 낮거나 실수가 있으면 오히려 손해이다. 속도감이 중시되는 상황이라면 빠를수록 좋지만, 진중하기를 바라는 상황에서는 시간이 조금 더 걸리더라도 정확한 편이 좋다. 물론 상황에 따라 다르다.

성격이 급한 당신이라도 가끔은 느긋하게, 멍하니 '아무것도 하지 않는' 연습을 해보자. '그런 무의미한 일을 할 여유 따위 없다, 전혀 생산성이 없지 않으냐?' 할 수도 있다. 그렇지 않다. 아무것도 하지 않는 것은 이점이 있다.

신경정신과 전문의인 니시다 마사노리西多昌規 박사에 따르면, 뇌는 바쁘게 무언가를 할 때보다 아무것도 하지 않고 멍하니 있을 때 열다섯 배의 에너지를 사용한다고 한다. 멍하니 있는 상태가 실은 뇌가 활발하게 움직이는 상태라는 것이다.

그 외에도 워싱턴대학교 마커스 라이클Marcus Raichle 교수팀의 연구에서도 비슷한 가설이 증명되었다. '무언가를 하고 있을 때'와 '멍하니 있을 때' 뇌의 움직임을 비교·관찰한 실험에서, 멍하게 있을 때 뇌의 기억 관련 부위와 가치판단 부위가 활발하게 활성화되는 점을 확인했다. 이는 '디폴트 모드 네트워크'라고 하며, 이 실험은 아무것도 하지 않는 안정된 상태에서 활동이 활발해지는 뇌의 영역이 복수로 존재한다는 사실을 증명했다.

우리가 무언가를 하고 있을 때, 그 행동에 관계하는 뇌의 부위가 활발해지고 뇌의 에너지도 집중된다. 한편, 멍하니 있으면 집중되었던 에너지가 뇌 전체로 분산된다. 집중했을 때 특정 부위에 몰렸던 에너지가 넓게 퍼지며 뇌가 전체적으로 움직이게 되고, 지금까지는 연결되지 않았던 요소들끼리 결합하여 새로운 발상이 탄생한다. 꿈을 꿀 때에도 마찬가지로 있을 수 없는 사람이나 사물, 상황의 결합으로 이야기가 전개되기도 한다.

작가인 한 지인은 원고가 잘 풀리지 않을 때에는 컴퓨터에서 벗어나 목욕이나 스트레칭 등 원고와 관계가 없으면서 머리를 거의 쓰지 않는 일을 한다고 한다. 무심히 무언가를 하다 보면 생각이 정리되거나, 딱 맞아떨어지는 표현이 불현듯 떠오르기도 한다. 샤워 중에나 자기 전 침대에서, 잠시 쉬는 시간에 돌연 아이디어가 떠오른 경험을 해본 사람이 많을 것이다. 이런 상황이야말로 디폴트 모드 네트워크의 좋은 사례라고 생각한다.

급한 성격 탓에 너무 조바심을 내어 좋은 아이디어가 떠오르지 않았던 경험이 있는가? '멈추면 보인다'라는 익숙한 캐치프레이즈처럼, 필사적으로 몰두한 순간보다 아무 생각도 하지 않을 때 번뜩이는 아이디어가 쉽게 떠오른다. 이것은 과학으로도 증명되었기 때문에 성격이 급한 사람은 반드시 머리를 비우고 멍하니 시간을 보내는 연습을 해보자. 본래 작업 속도가 빠른 사람이니 잠시 멍하니 있다고 해서 늦는 일은 없다. '쓸데없이 바쁘기만 한 사람'에서 '일도 빠르고 창의적인 사람'으로 변신! 반짝이는 아이디어는 덤이다.

ACTION

멍하니 머리를 비우는 연습을 한다.

어제와 똑같은 내가 싫어서 심리학을 공부하기 시작했습니다

12

자만

#자신감_과잉 #착각 #우쭐

episode

"이직 활동이 열매를 맺어 희망하던 회사에 입사 성공. 전 직장과 동일하게 미디어운용팀에 배치되었다. 이전 성공 사례를 들며 자기소개도 성공적으로 마쳤다. 막상 업무를 시작하니 만만치 않고 모르는 일들 투성이. '전 직장에서 뭐한 거야'라는 듯한 주위 사람들의 눈초리가 따갑다."

일뿐 아니라 공부나 운동도 하면 할 수록 '뛰는 놈 위에 나는 놈 있다'라는 말을 절감하는 사람이 있는 반면, 최상의 실력과는 한참 거리가 있음에도 스스로 자각하지 못하는 사람도 많다. '우물 안 개구리' '모르는 것이 아는 것' 같은 말도 있듯, 능력치가 낮은 사람일수록 자신을 객관적으로 평가하지 못하고 과대평가하는 경향이 있다. 이는 '더닝 크루거 효과Dunning Kruger effect'라는 인지 바이어스의 일종이다. 즉, 능력이 크지 않기 때문에 자신의 위치를 제대로 인식하지 못한다는 이론이다. 자신을 과대평가하기 쉬운, 자만하기 쉬운 사람은 자신을 객관화하는 능력이 낮은 편이다.

미국의 발달심리학자인 존 플라벨J. H. Flavell이 제창한 '메타

어제와 똑같은 내가 싫어서 심리학을 공부하기 시작했습니다

인지metacognition'라는 개념을 살펴보자. 메타인지란, 유체 이탈을 하듯 또 다른 내가 나를 바라보며, '지금 나는 매우 기쁜 상태야'라고 자신이 느끼고 생각하며 행동하는 상태를 객관적으로 분석하고 인지하는 것이다. 그리고 이렇게 인지하는 능력을 '메타인지 능력'이라고 한다. 메타인지 능력은, '모니터링'과 '콘트롤' 두 가지 작용으로 이루어진다. 모니터링은 자신을 감시·이해하고 분석하는 것이다. 콘트롤은 모니터링의 결과를 받아들여 어떻게 반응하고 행동할지를 결정하는 것이다.

코넬대학교의 크루거Kruger J.와 더닝Dunning D. 연구팀은 앞서 소개한 '더닝 크루거 효과'를 정의한 사람들로, 자신감 과잉인 사람의 메타인지 능력을 개선하는 트레이닝에 관한 실험도 진행했다. 우선 140명의 대학생을 4~20명의 그룹으로 나누고, 그들에게 논리 문제를 풀게 하였다. 그리고 자신의 능력을 평가하고 다른 학생들과 비교하여 어느 정도의 순위에 있는지 상상해보도록 했다. 더불어 랜덤으로 그중 70명에게 논리 문제를 트레이닝하게 하고, 나머지 70명에게는 관련 없는 과제를 수행하게 했다. 그 뒤 다시 양쪽 그룹에게 논리 문제를 풀게 하고, 어떤 문제를 맞혔고 어떤 문제를 틀렸다고 생각하는지 예상하도록 했다. 논리 문제 트레이닝을 추가로 진행한 70명은 자신을 과대평가하는 경향이 약해졌다. 즉, 훈련을 반복하여 해당 능력이 높아지면 자신의 실력이 뛰어나지 않음을 알게 되어 과대평가하지 않게 된다. '능력을 향상하려는 노력을 할수록 오히려 자신이 없어진다'는 재미있는 이론이다.

결국, 자만하기 쉬운 사람의 인지능력을 높이기 위해서는 자신감이 과잉된 분야에서 노력을 기울이는 방법이 최선이다. 이때 돌아보며 반성하는 일, 또는 적절한 피드백을 받는 것도 중요하다.

자만하기 쉬운 사람의 자신감 과잉이 다른 사람에게는 조금 민폐일 수 있지만, 본인의 정신건강에는 그리 나쁘지 않다. 반대로 자신을 너무 부정적으로 본다면 우울증에 걸린 가능성이 높다.

세상에는 다양한 사람이 있어도 된다. 만약 자만하여 주변 분위기를 해치는 일이 반복된다면, 더 높은 곳을 목표로 정하고 능력을 키우는 노력을 기울여보자.

ACTION

매일 단련하는 것만이 답이다.

진정 성실히 노력해보면 자신이 보인다.

마감이 얼마 남지 않은 과제를 '내일 하자'며 미루기.
안 해야지 생각하면서도 습관적으로 스마트폰을 들거나 과자에 손이 간다.
한번 몸에 밴 '행동 습관'은 바꾸기 어렵다.
'이번에는 꼭!'이라고 의욕을 불태워도
매번 실패하는 당신에게 효과적인 액션을 소개한다.

제2장

행동 습관

행동과 성질

13

시간 개념이 없다

#지각쟁이 #시간을_자주_잊는다
#언제나_빠듯하게_움직인다

episode

"약속한 시간이 다 되어서야 '미안, 지금 가고 있어. ○○역 지나는 중!
지하철 안에서 달려가고 있어, 먼저 식당에 들어가 있어줘!'라는 톡을
하면서 약속 장소로 향하는 일이 일상다반사. '너, 매번 20분 정도 늦
는다……'라며 상대방도 살짝 짜증스러워하는 느낌이다. 아니 아니, 내
이야기가 아니다. 절대로."

■■■■■　　　　　　친구와의 약속에는 지각이 당연하
고, 아침 출근 시간에는 늘 빠듯이 움직여 지하철 운행 시간이
조금이라도 흐트러지면 지각이다. 점심 먹으러 나가면 5~10분
넘겨 돌아오는 일이 예사…… 시간 개념이 없으면 상대에게
민폐를 끼치게 되고, 주위의 눈총을 사게 되어 민망해진다. 비
즈니스 상황이라면 더욱 그렇다.

'시간을 지키자, 5분 앞서 움직인다'라고 머리로는 알고 있지
만, 습관적으로 늦어버린다. 약속 시간에 딱 맞게 움직이려고
했는데 어쩌다보니 자꾸 늦어진다. 둘 중 어느 쪽이든 쉽게 지
각하는 자신을 바꾸려면 옛날에 하던 '시곗바늘을 5분 빠르게
맞춰두기'보다 효과적인 방법을 찾아야 한다.

워싱턴대학교 연구팀이 '시간 베이스의 전망 기억TBPM'에 관한 실험을 진행했다. 실험은 피험자에게 특정 과제를 부과하고 일정한 시간 내에 그것을 완수하게 하는 방식으로 진행되었다. 페이스 조절을 위해 피험자들이 언제든 자유롭게 시간을 확인할 수 있도록 하되, 작업에 너무 몰두한 나머지 시간 확인을 잊은 채 계속 빠져 있을 법한 직소 퍼즐 등의 과제를 제시했다.

그 결과, 주어진 과제를 시간 안에 완성한 사람은 생체시계를 더 원활히 사용하고, 시간을 인식하며 작업한다는 사실을 알게 되었다. 인간의 체내 생체시계는 매우 우수하며 자연스럽게 시간 감각을 인식하거나 조정할 수 있다는 사실을 확인하였다.

아침 시간은 한정되어 있는데 TV를 보며 SNS도 체크하고, 몸단장하랴 아침식사 하랴…… 일어나자마자 폭풍 멀티태스킹! 본인은 이 모든 일을 동시에 짧은 시간 안에 해낼 마음이었지만, 실제로는 몇 배나 시간이 더 걸렸던 경험이 누구에게나 한 번쯤 있을 것이다. 이런 경우는 생체시계가 원활하게 기

어제와 똑같은 내가 싫어서 심리학을 공부하기 시작했습니다

능하지 못했기 때문이다. 생체시계라고 하면 뭔가 본능처럼 느껴져 '나는 태생이 그런 걸……'이라고 생각하겠지만 포기하기에는 아직 이르다!

생체시계는 단련할 수 있다. 우선 게임을 하듯 '시간 감각'을 새롭게 익혀보자. 예를 들어, 스마트폰의 스톱워치 기능을 사용하여 SNS를 1분간 사용하고 1분이 어느 정도 길이인지 체감해본다. 직장에서는 자리를 비우고 음료를 사러 가거나 화장실에 가는 등의 행동에 시간이 얼마나 필요한지 확인할 수 있도록 타이머를 세팅한 뒤 이 자리 비우기 게임을 딱 10분만 해보는 등의 방법을 활용해본다.

참고로 나는 학창시절부터 '55분 공부하고 5분 라디오 듣기' 습관을 계속 유지해온 덕분에 시간 감각이 나름 정확하다. 그리고 그 덕분에 긴 시간의 공부 인생을 헤쳐나갈 수 있었다.

'시간은 금' '세월은 화살처럼 빠르다' 등 시간에 관한 속담이 많다는 사실은 인간이 예부터 시간을 소중히 생각해왔다는 의미이다. 하지만 생체시계 감각을 기르고 되돌리는 일은 하루아침에 이루어지지 않는다. 그러니 게임처럼 생각하고 즐겁게 몸에 익혀나가자. 꾸준히 하다보면 티끌을 모아 이룬 태산처럼 생체시계가 어느덧 성장해 있을 것이다.

ACTION

스톱워치나 타이머로 실제
소요시간을 확인한다.

14

기한을 못 지킨다

#미루기_대장 #트집쟁이 #아수라장

"마감 시간은 20시간 뒤. '아직 괜찮아!'라며 여유 부리던 3일 전의 나에게 '나중이라니 바보야! 지금 당장 시작해!'라고 말해주고 싶다. 조금 불안해하면서도 일을 시작할 마음이 조금도 없던 이틀 전의 나에게 '그거꽤 어렵다고! 시간 은근히 많이 걸린다'라고 잔소리하고 싶다. 늘 빠듯해질 때까지 버티는 나 자신에게 화가 난다. 그리고 나의 결과물을 기다리는 담당자의 뿔난 얼굴이 눈에 선하다. 하아, 왜 더 빨리 시작하지 않았을까……"

　　　　　　　　　　　　　기한이 가까워오는 것을 알면서도 좀처럼 시작할 마음이 생기지 않는다. 다른 사람에게 민폐가 될 걸 알면서도 일단 무시한다. 이런 상황 어디선가 들어본 것 같지 않은가? 늘 빠듯이 '아슬아슬'하게 일하는 사람이 실제로 얼마나 많은가.

　결과적으로 늦지 않으면 다행이지만, 일을 마친 뒤 '빨리 시작하는 것이 그렇게 어렵니? 부지런히 일을 마무리했으면 의미 있는 시간을 보낼 수 있었잖아'라고 매번 자책하지는 않는가. 하지도 않으면서 불편한 마음으로 시간을 보내는 대신 제때 시작해서 '여유 있게' 끝내면 개운한 마음으로 술이라도 한잔하러 갈 수 있었을 테고, 게임도 할 수 있었을 텐데……

　스톡홀름대학교의 로젠탈Rosenthal R. 연구팀은 인터넷이나 신문광고 등을 통해 모집한 150명의 참가자(자신이 미루는 버릇이 있다고 자각하는)를 ①테라피스트와 함께 교정 프로그램을 실시하는 그룹 ②테라피스트 없이 교정 프로그램을 실시하는 그룹 ③대기자 명단에 이름만 올려둔 그룹, 이렇게 세 그룹으로 나누어 실험을 진행했다. 교정 프로그램의 내용은 장기적으로 실현 가능한 상세 목표를 설정하는 것이었다. 이를테면 '수요일에는 원고를 쓴다'가 아니라 '수요일 아침 9시부터 한 시간 동안 원고를 쓴다'로 설정한다. 그리고 작은 목표를 달성할 때마다 커피나 휴식 등의 보상을 해준다. 그에 비해 ③대기자 그룹의 경우 미루는 행동에 관해 감정적으로 스트레스를 받도록 하여 시간에 쫓길 때마다 스트레스를 받는 시간을 늘렸다.

그 결과, 실험에 참여한 모든 그룹에서 미루는 버릇이 개선되었다. 특히 테라피스트와 함께 프로그램을 실시한 그룹은 '감독'의 통제를 받는 상황처럼 일종의 강제력이 작용하여 목표를 달성하기 더 쉬웠던 것으로 보인다. 테라피스트 없이 온라인상에서 프로그램에 참여한 사람에게도 효과가 있었던 점은 주목할 만하다.

목표나 기한을 좀더 세세하게 설정하고 달성할 시 포상하는 것만으로도 기한을 지키려는 의지에 자극이 가능하다는 점을 확인했다.

'이번 달 안에 원고를 마치면 연말에 여행을 가자!'라는 목표나 포상도 조금 더 구체적이면 좋겠다. '화요일 아침 11시부터 한 시간'이라고 정해두고 '15분마다 자리에서 일어나 가볍게 스트레칭' '30분에 한 번 초콜릿 한 조각'같이 상세한 계획을 세우자. 단, 모든 것을 까맣게 잊고 몰두해버리기 쉬운 스마트폰 하기 등의 포상은 자제할 것.

맥쿼리대학교 연구팀은 연구를 통해 '미루는 습관 개선에 운동이 효과적'이라고 밝혔다. 연구진은 운동 부족인 남녀 스물네 명에게 우선 2개월간 '특별히 아무것도 하지 않도록' 하고 그 후 2개월간 피트니스센터에 다니도록 프로그램을 짠 뒤, 그간의 스트레스 수준과 정신적인 고통, 자기효능감 및 그 외의 습관 변화에 관해 조사했다. 그 결과 운동 후에는 스트레스가 감소하고 담배나 알코올, 카페인 섭취량도 감소했다. 감정 조절이 쉬워졌고 집 안을 돌아보는 횟수도 늘었으며 약속도 더 잘 지키고 식생활도 건강하게 바뀌었다. 그뿐 아니라 지나친

어제와 똑같은 내가 싫어서 심리학을 공부하기 시작했습니다

소비도 줄고, 학습 습관도 개선되었다. 그야말로 어메이징!

이름난 문호들의 '마감 전후의 아수라장 에피소드'는 차고 넘치지만, 그것은 문호들의 이야기일 뿐이다. 일반적인 사회생활에서 대문호 같은 행동이 통용되지 않음은 물론이고, 의미 있는 여가를 보내기 위해서라도 기한을 여유 있게 지키는 습관이 중요하다.

우선, 기한이 있는 일을 계속 떠안고 마음고생만 하고 있다면 매일의 목표를 세분화하여 하나씩 완수할 때마다 포상하는 방법을 시도해보자. 장기적으로는 '늘 기한이 빠듯해져야 움직이는 습관 고치기'를 목표로 정하고 개선을 위한 방법으로 '운동'을 실천해보자. 할 수 있는 만큼 착실히 매일의 과제를 수행한 뒤에는 피트니스센터에서 기분 좋게 땀을 흘린다. 가슴 뛰는 라이프 스타일, 더 이상 남의 이야기가 아니다.

목표와 포상을 세분화하여 설정한다.

장기적으로 운동도 병행!

15

게으르다

#행동이_느리다 #의욕이_없다 #활력이_없다

episode

"'3일간의 휴가. 날씨도 좋다. 일찌감치 빨래를 돌려 널어두면 잘 마를 것 같다. 매일같이 귀가가 늦어진 탓에 방은 너저분하고 냉장고도 거의 텅 비었다. 세탁기가 돌아가는 동안 청소기를 돌리고 빨래를 넌 뒤 장보러 외출, 운동도 다녀오자! 밤에는 오랜만에 집밥을 해먹고, 영화라도 보며 느긋이 보내겠어, 완벽한 휴일 계획이다'라고 생각만 할 뿐 현실은 여전히 '이불 밖은 위험해' 모드. 뒹굴뒹굴하며 TV만 보고 있다……"

■■■■■ 하자, 하자, 해놓고 머릿속 계획만 가득하고 게으름을 피우며 행동이 뒤따르지 않는 일, 자주 있을 것이다. 평일에 기진맥진 일하고 나니 피곤하고 몸도 무거워 어쩔 수 없다는 생각도 든다.

반면, 쌓여 있는 설거지를 하기 시작했는데 정신을 차려보니 주방 전체를 청소하고 있거나 일을 시작할 때는 몸이 찌뿌둥했는데 어느새 엄청나게 속도가 붙은 상황, '일단 시작하고 보니 의욕 뿜뿜 모드가 되었던' 경험, 한 번쯤 있을지 모른다.

인간의 뇌에는 이른바 '의욕의 원천'이라 불리는 '측좌핵'이라는 부위가 있다. 무심코 게으름을 피우는 타입의 사람은 이 측좌핵의 기능을 활발하게 해주면 된다. 언뜻 어렵게 느껴지지만, 측좌핵을 잘 기능하게 하기 위해서는 우선 몸을 움직여야 한다. 그것뿐이다. 뇌 연구 전문가인 이케가야 유지池谷裕二 도쿄대학교 교수가 저서인 《뇌》에 소개한 대로, 의욕이 생겨 몸이 움직이는 것이 아니라 '몸을 움직이니 의욕이 생긴다'란 원리이다. 소리를 내는 행동도 몸을 움직이는 것과 같은 작용을 일으킨다. 어찌되었든 의욕이 생기지 않을 때는 우선 몸을 움직이자! 이것을 명심하자. 내키지 않는 작업이나 일, 트레이닝 등 무엇이든 좋으니 우선 시작한다.

리옹대학교 연구팀은 실험을 통해 '소리를 내며 동작을 하면 퍼포먼스가 좋아진다'란 결과를 확인했다. 피험자가 말없이 수직 높이뛰기를 한 경우와 "점프!"라고 외치며 수직 높이뛰기를 한 경우로 나누어 진행했는데, 그 결과 소리를 내며 수행한 경우가 평균 6퍼센트나 높은 기록을 보였다.

드렉셀대학교 연구진은 '① 숨을 들이마시며 손을 꽉 쥔다 ② 숨을 내뱉으며 손을 꽉 쥔다 ③ 목소리를 내며 손을 꽉 쥔다' 이 세 가지 경우로 나누어 악력을 측정했다. 그 결과, 목소리를 내며 측정한 경우가 숨을 들이마시며 측정했을 때보다 25퍼센트, 숨을 내뱉으며 측정했을 때보다는 11퍼센트나 수치가 높았다.

우리는 평소에 무거운 몸을 일으키거나 동작에 기합을 넣을 때, "으차" 하며 무심코 소리를 내지만, 그야말로 '소리의 효과'를 무의식중에 실천해온 것이라 할 수 있다. 나이가 들수록 몸이 둔해지는 것은 당연하다. 그래서 연배가 있는 어르신일수록 "으차차"나 "아이고" 같은 소리를 내게 되는 것이다.

가라테나 복싱 같은 타격계 격투기를 하는 사람이 펀치나 킥을 반복할 때 "슉! 슉!" 하며 입으로 소리를 내는 장면을 종종 볼 수 있는데, 이것도 비슷한 원리라고 할 수 있다. 나는 20대부터 직접타격 가라테를 배우고 있는데 "슉!"이라 내뱉으며 치면 펀치나 킥의 스피드와 정확도가 높아지는 것을 체감한다.

스스로 행동이 느리다고 생각하는 사람이라면, 의욕 스위치가 켜지는 본인만의 말을 정해보자. 세 번째 주제인 '비뚤어짐' 챕터에서 소개한 '퍼블릭 커미트먼트' 원리와 결합시켜 '해보자!'라고 소리 높여 선언하는 루틴을 만들면 일석이조이다.

지금까지의 내용을 정리하면 ①실제로 몸을 움직인다 ②동작에 음성을 붙인다 ③행동 계획을 선언한다가 포인트이다. 이를 조합한 테크닉을 실천해보자. 예를 들어 나는 의욕이 없을 때 "나중이라니, 바보야! 지금 바로 벌떡 일어나서 움직여"
라고 말하며 의지를 다지고 바로 행동하고 있다. 휴일 아침에
눈이 떠지면 바로 "오늘은 게으름 피우지 말고 벌. 떡. 일어나
서 산뜻하게 할 일을 하는 거야"라고 말하며 침대를 박차고 나
온다. 사무실에서 일을 시작할 때는 "지금부터 집중해서 두 시
간 안에 깔끔하게 끝내자"라고 말하며 일단 작업을 시작한다.
하늘은 스스로 돕는 자를 돕는다. 우선 실행해보자.

ACTION

"지금 바로 벌. 떡. 일어나서 이를 닦자!"
라고 소리 높여 외치며 몸을 움직여보자.

　　　어제와 똑같은 내가 싫어서 심리학을 공부하기 시작했습니다

16

유혹에 약하다

#자제력이_약하다 #자신에게_관대하다
#욕망에_충실하다

episode

"발단이 뭐였는지 기억나지 않지만, 데이터를 한창 정리하다 스마트폰을 보기 시작했는데 눈 깜짝할 사이에 시간이 흘러 과제를 끝낼 시간이 부족하다. 어쩔 수 없이 야근해야 하나 생각하는데 하필 오늘은 팀 회식날. 술은 자제하고 집에 와서 일을 더 하려고 했는데 어쩌다보니 너무 마셔버렸다. 한술 더 떠 술자리 분위기에 취해 끊었던 담배도 다시 피우고 집에 가져온 일은 당연히 열어보지도 못한 채 이불 속으로……"

분명히 다이어트하겠다고 마음먹었
는데 점심을 사러 들른 편의점에서 슈크림을 사고 있는 내 모
습을 발견했다. 해야 할 일은 산더미인데 무심코 SNS 시작, 한
잔만 먹으려 했는데 어느새 2차, 3차 이어진다…… 일상 속 유
혹은 많아도 너무 많다! 넘치는 유혹을 이겨내기는 쉽지 않은
일이다.

우리가 '유혹'이라는 자극에 노출되면, 뇌에서는 '대뇌변연
계'와 '대뇌신피질'이 움직인다. 대뇌변연계는 어떤 유혹을 받
아들일지 결정하는 부위이다. 디저트를 먹을까 말까 하는 작은
일부터 살아가는 데 필요한 행동의 선택까지 모두 결정하는
강력한 힘을 가진 부위이다. 이 때문에 대뇌변연계에 한번 입
력된 일을 쉽게 중지할 수 없다.

어제와 똑같은 내가 싫어서 심리학을 공부하기 시작했습니다

한편 대뇌신피질은 유혹을 만나도 받아들이기보다 참을지 말지 여부를 신중하게 판단하려 한다. 대뇌변연계와는 상반된 기능을 가진다. 대뇌신피질이 제대로 작동해주면 유혹을 뿌리치기 쉽겠지만, 이 대뇌신피질은 스트레스에 매우 약해서 조금이라도 과부하가 걸리면 의사결정의 기능을 대뇌변연계에 통째로 넘겨버린다. 예를 들어 바쁨을 스트레스로 느끼면 일은 제쳐두고 스마트폰으로 달려가고, 다이어트로 격한 배고픔을 느끼면 무심코 달달한 디저트를 먹어버리는 등의 현상이 일어난다. 스트레스 상황에서는 대뇌신피질의 '신중함'에 의지할 수 없기 때문에 욕구에 충실한 선택을 하게 되는 것이다. 이렇듯 대뇌변연계에 쉽게 자리를 내주는 대뇌신피질이지만, 조금 진정되면 냉정한 판단이 가능해진다.

뉴욕대학교의 골위처Gollwitzer P. 교수팀은 각종 유혹에 지지 않기 위해서는 '이프 덴 플래닝If-Then Planning'이라는 방법이 유효하다고 주장한다. 이는 '만약 ○○하게 된다면(if) 그때는(then) △△한다'라고 정해두는 방법이다. 예를 들면 '달콤한 것이 먹고 싶어지면, 그 자리에서 스쿼트 열 번' '일하는 중에 스마트폰이 보고 싶어지면 심호흡 다섯 번' '담배를 피우고 싶어지면 물 한 잔을 한번에 마신다' 등 저항하기 힘든 유혹에 직면했을 때 차분하게 만들어줄 장치를 설정해두는 것이다.

콘스탄츠대학교 연구진은 아흔네 명의 학생을 대상으로 '만약 내가 ○○(고칼로리 식품)이 먹고 싶어지면 그걸 잊어버리자!'라고 세 번 외치도록 주문하고, 일주일 후에 얼마나 먹었는지 확인하는 실험을 진행했다. 그 결과 이프 덴 플래닝을 실천한 피험자는 섭취량이 절반 가까이 줄었다는 보고가 있다.

테니스 선수 107명을 대상으로 진행한 실험에서는 ① 시합 당일 '시합에서 이기기 위해 공 하나하나에 혼을 불어넣은 플레이를 하자'라고 목표를 적은 종이에 밑줄을 긋고 서명한 그룹 ② 같은 목표를 세웠지만 이프 덴 플래닝(예를 들어 '집중력이 부족하다' 등 부정적인 기분이 들면 '침착해지자'처럼 어떻게 대처할지 서술한다)을 한 그룹 ③ 아무것도 하지 않는 그룹으로 나눈 뒤, 본인 평가 및 트레이너와 팀원들 평가를 진행했다. 그 결과, 이프 덴 플래닝을 한 그룹의 평가가 현저히 좋았다.

이프 덴 플래닝은 대뇌신피질에 기능장애를 일으키는 환자에게도 효과가 있을 만큼 강력한 실행법이므로 유혹에 지기 쉬운 사람에게도 안성맞춤이다. 이렇듯 '유혹을 이겨낸 기록'을 자기 안에 쌓아가며 군것질거리나 알코올, 무심코 보게 되는 스마트폰 등 모든 유혹과 적당한 거리를 둘 수 있는 사람이 되어보자.

'만약 ○○하게 된다면,
그때는 △△한다'고 정한다.

크게 외치거나 종이에 적어두면 효과 만점!

17

정리 정돈 불가

#정리가_서투른 #청소_꽝 #예술적인_책상

episode

"더러워진 방을 정리하는 TV 프로그램을 친구 집에서 같이 보고 있는데, 친구가 '저렇게 더러운 방에서 잠이 오나 몰라' '정리하는 게 뭐 그렇게 어렵나, 마음만 있으면 금방인데'라며 진지한 표정을 짓고 혀를 찬다. '어, 저거 딱 내 이야기인데……'라고 사실대로 말하면 질겁하려나."

마법을 사용하여 정리하면 신데렐라처럼 설레는 인생이 찾아올 것 같지만, 그럴 일은 없다. 택배 상자가 널브러져 있고, 그 택배 상자 위에서 고양이가 낮잠을 자고 있다, 새 옷을 샀는데 넣을 곳이 없다, 옷장을 열어도 코앞에서만 옷을 뺐다 넣어야 한다…… 회사 책상 위에는 서류 더미가 예술 오브제처럼 쌓여 있다, 서랍에서 필요한 자료를 바로 찾을 수 없다…… 더럽다곤 할 수 없지만 정리되지 않은 공간이 떠오르는 사람도 꽤 있을 것이다.

정리를 어려워하는 사람을 다음의 몇 가지 유형으로 나눌 수 있다. 물건을 쓰고 제자리에 놓지 못하는 유형, 버리지 않고 모아두는 유형, 다른 일에 정신이 팔려 정리 자체가 안중에 없는 유형, 또는 이런 특징 몇 가지가 복합적으로 나타나는 유형 등이다. 유형별로 달라지는 대처법을 하나씩 살펴보자.

우선, 드폴대학교의 조셉 페라리Ferrari J. R. 교수의 연구에 따르면 '무엇이든 미루는 경향이 있는 사람은 정리 정돈이 안 되는 사람'이라고 한다. 버리는 일, 수납하는 일, 정리 정돈하는 일이 귀찮아서 바로 하지 않고 미룬다. 그러고는 하지 못하는 이유를 이것저것 갖다 붙여 합리화한다. 귀가 조금 간지러운가?

그렇다면 이런 정리 정돈 루저를 위한 대책은 무엇일까? 페라리 교수가 진행한 실험에서는 약 50명의 남녀를 대상으로 게임, 퍼즐, 수학 문제 풀기 등의 과제를 내고 각 과제를 수행하기 전에 연습 시간을 주었다. 그러자 평소 미루는 경향이 있는 사람들은 특히 수학 문제 풀기 과제를 수행하지 않는, 즉 귀찮은 일을 미루는 경향을 보였다. 하지만 동일한 과제를 '재미있는 과제'라고 소개하면 연습을 시작하는 비율이 높아졌다.

'재미있는 일'이라는 생각만으로도 미루는 일이 적어질 수 있다고 하니 정리 정돈도 즐거운 일이라고 여기도록 자신을 설득하면 될 일이다. 예를 들어 멋진 수납용품을 사거나 좋아하는 음악을 틀고 리듬을 타며 집 정리를 해보면 어떨까.

그 외에도 이화학연구소의 미즈노水野 연구진은 남은 작업

시간을 알게 되면 의욕, 보상, 쾌감, 공포 등을 관장하는 뇌의 '측좌핵' 부분이 활성화되는 것을 밝혀냈다. 10~30대 남녀 열일곱 명을 대상으로 한 실험에서 기억력을 테스트해보는 과제를 45분간 주었다. 과제 진행 중에 남은 시간을 화면에 보여주는(25회) 경우와 보여주지 않는 경우를 비교해보니 남은 시간을 알려준 경우는 측좌핵이 활성화되었다. 즉, 의욕이 생겼다는 것이다.

처음 정리를 시작하기 어렵다면 이러쿵저러쿵할 거 없이 일단 몸을 움직인다. 열다섯 번째 주제인 '게으르다' 챕터에서 살펴본 대로, 인간은 일단 시작하면 시동이 걸리는 존재이다. 그리고 얼마 동안 정리 정돈할지를 정하고 타이머를 가끔 확인하며 진행하면 더 효과가 있다. 만약 당신이 귀찮아서 정리를 어려워하는 타입이라면, 열네 번째 주제인 '기한을 못 지킨다' 챕터에서 소개한 '미루는 습관을 교정하는 방법'을 응용할 수 있다.

페라리 연구진은 정리가 안 되는 사람의 또 다른 유형으로 '쌓아두는 사람'을 언급했다. 물건을 버리지 않고 계속 쌓아두는 사람이다. 통계에 따르면 실제로 인구의 6퍼센트는 이 문제를 안고 있다고 한다. 스무 명 중 한 명 이상이 '쌓아두기 증후군'을 앓고 있다는 뜻이다. 재미있게도 이런 경향은 연령과 비례하여 강해진다.

'쌓아두기 증후군'을 개선하는 데는 열여섯 번째 주제 '유혹에 약하다' 챕터에서 살펴본 이프 덴 플래닝이 효과적이다. 예를 들어 '새로운 것을 사면 하나를 버린다' '물건이 너저분하게 널려 있으면 넣을 곳을 만든다'처럼 '만약 ○○하게 된다면 △△한다'라는 룰을 만든다. 그리고 이 슬로건을 종이에 적어 눈에 보이는 곳에 붙여두고 그 방법이 몸에 익어 습관이 되도록 반복한다. 이때, 여기저기 붙여둔 종이 때문에 오히려 방이 더 지저분해지지 않도록 주의할 것!

ACTION

정리 정돈을 즐거운 시간으로 설정하고, 남은 시간을 확인하면서 정리한다.

평소에도 '이프 덴 플래닝'을 실천하여 물건을 늘리지 않도록 노력한다.

18

잘 잊는다

#무심코 #아차차 #건망증

"업무 시작 전 'A사에 보낼 계약서, 우편으로 보낸 거지?'라는 상사의 질문에 등골이 오싹해온다. '계약서라면…… 퇴근하면서 보내야지 해놓고 까맣게 잊은 채로 제 가방 안에 고이 모셔져 있는 그 계약서 말이지요?(후덜덜)' 이실직고한 뒤 결국 A사에 직접 방문하여 처리했다. 한시름 덜었다고 생각하며 회사로 돌아가기 전에 점심을 먹는데, 상사가 전화를 걸어 노발대발! 오후에 일찍 만나 회의하자던 말씀을 까맣게 잊고 있었다! 심지어 회의실 예약도……(맙소사)"

아무리 주의를 기울여도 잊게 되는 일, 누구나 있을 것이다. 나도 종종 깜박할 때가 있다(참고로 나는 라인LINE에서 만든 'Mr.리마인드' 앱을 활용하여 깜박을 예방하고 있다. 강력 추천). 스마트폰을 두고 와 집에 다시 돌아간다거나 중요한 사람의 이름을 잊는다거나 공공요금 납부를 깜박하는 등 일상생활 중에 깜박 잊으면 귀찮아지는 일이 차고 넘친다. 용인될 만한 작은 실수라면 다행이지만, 때에 따라서는 일이 커지기도 한다. 자주 깜박하여 답답한 자신을 발견했다면 효율적인 기억법을 습득하는 편이 좋다.

기억은 크게 '의미 기억'과 '에피소드 기억'으로 나뉜다. '의미 기억'은 수학 공식이나 역사의 연호, 영어단어 등 노력하여 외운 것을 말한다. 역사적 사실을 암기하거나, '커피에는 카페인이 들어 있어 졸음을 쫓는 작용을 한다'라는 지식을 머리에 입력하는 것도 의미 기억의 일종이다.

한편, 체험이나 공부 등을 통해 기억한 것을 '에피소드 기억' 이라고 한다. '커피를 마시니 카페인 때문에 잠들 수 없었다'라면 체험을 통해 깨달은 기억이므로 에피소드 기억이 된다. 그 외에도 여행지에서 본 세계유산에 감동하여 그것이 언제 유네스코에 등재되었는지 자연스럽게 기억하게 되었다거나, 레스토랑에서 마신 와인이 맛있어서 산지나 병 모양을 쉽게 외운 경우 등도 이에 해당한다. 에피소드 기억은 무리 없이 기억할 수 있으며 잘 잊히지 않는다는 장점이 있다.

잊어버릴 것 같은 일, 잊고 싶지 않은 일이 있다면 에피소드 기억을 이용해보자. 예를 들어 거래처에 부산에서 온 유아이 씨란 사람이 있다고 가정해보자. 이 사람의 이름이 좀처럼 외워지지 않는다면, '아이라카이, 부산아 그게 아이다'라는 식으로 상상력을 발휘하여 이름과 에피소드를 연관 지어 외우면 좋다.

에피소드 기억법에 관해 조금 특이하면서 재미있는 실험이 있다. 몽클레어주립대학교의 루스 프로퍼Propper R. E. 연구팀은

50명의 오른손잡이 피험자들의 단어 기억 테스트를 진행했다. 피험자를 여러 그룹으로 나누어 단어를 외우기 전과 외운 내용을 기억해내기 전에 직경 5센티미터의 고무공을 45초간 있는 힘껏 움켜쥐고 15초 쉰 뒤 다시 45초 움켜쥐도록 하였다. 어떤 그룹은 양손을 밥공기 모양으로 만들어 고무공을 가볍게 잡고 있기만 했다. 그 결과 외우기 전에는 오른손으로, 기억해내기 전에는 왼손으로 고무공을 쥔 그룹의 성적이 가장 좋았다. 반대로 외우기 전에는 왼손, 기억해내기 전에는 오른손으로 고무공을 움켜쥔 그룹의 성적이 가장 안 좋았다. 이는 오른손의 움직임에 의해 좌뇌가, 왼손의 움직임에 의해 우뇌가 활성화되는 원리와 관련이 있다. 프로퍼 연구팀의 주장에 따르면 좌뇌는 에피소드 기억과 관련이 깊어서 기억력이 향상된 것으로 본다.

그 외에도 쓰쿠바대학교의 소야征矢 연구팀은 연구를 통해 가벼운 운동을 하면 기억력이 향상된다는 사실을 검증했다. 연구팀은 서른여섯 명의 피험자에게 10분간 자전거 페달 밟기 운동을 시킨 뒤, 약 6백 장의 그림을 보여주고 같은 그림을 판별하게 하는 실험을 진행했다. 운동을 했을 때와 하지 않았을 때의 정답률을 비교해보니, 운동한 직후의 정답률은 평균 36.9 퍼센트로, 하지 않았을 때의 31.4퍼센트보다 5.5퍼센트나 높았다. 뇌는 산소와 당분을 연료 삼아 운동하기 때문에 운동을 하면 뇌에 효율적으로 피가 공급된다.

잘 잊어 걱정이라면 손바닥에 적거나 스마트폰 앱을 이용하거나 책상에 포스트잇을 붙이는 등의 예방 수단도 좋지만, 상상력을 발휘하여 에피소드 기억을 촉진하거나 오른손으로 무언가를 강하게 움켜쥐는 등의 방법을 시도해보기 바란다. 더 근본적으로 자신을 바꾸고 싶다면 유산소운동을 하자. 머리만 믿지 말고 몸을 움직여 뇌를 활성화해보자.

에피소드 기억법을 활용한다.

외우기는 전에는 오른손, 기억을 불러오기 전에는 왼손을 꽉 움켜쥔다. 가벼운 운동도 효과적이다.

19

요령이 없다

#솜씨가_없다 #서툴다 #어물쩍

episode

"열심히 하고 싶은데 뭔가 진척이 매끄럽지 않다. 그런 자신이 답답해서 짜증이 슬그머니 올라온다. 바라보는 주변 사람들도 안절부절못한다. 아무튼 예전부터 요령이 없다. 더 스마트하고 똑소리 나게 일하고 싶은데……"

■■■■　　　　요령이 좋은 사람은 대체로 무엇을 시키든 요령 있게 해낸다. 그 이유는 순조로운 진행을 위한 '핵심'을 잘 파악하고 모든 일을 그 '핵심 이론'에 따라 해내기 때문이다.

요령이 좋고 나쁨에는 두 종류가 있다. 신체적인 센스가 부족한 유형과 일을 짜임새 있게 해내는 작업 효율에 문제가 있는 유형이다. 전자의 유형에 대해 말하자면, 원래부터 '센스가 없는 사람'인 경우가 많다. 실은 나도 뼛속까지 '센스 빵점형' 인간이지만, 이런 경우 운동의 사령탑인 두뇌를 단련하는 특훈으로 극복할 수 있다.

누구나 연습을 많이 하면 두뇌가 그 작업에 최적화되어 효율적으로 일하게 된다. 글자 쓰기를 예로 들어보자. 어릴 적 글씨를 처음 배울 때는 상당한 시간이 걸리지만, 사춘기가 될 즈음에는 속도가 꽤 붙는다. 글자 쓰기를 반복하면 글자를 쓸 때 사용하는 근육이나 골격, 그 외의 감각기관과 뇌의 연동이 최적화되기 때문이다. 언어도 마찬가지이다. 어릴 적부터 연습을 하면 어른이 될 즈음에는 효율적으로 말할 수 있게 된다.

그러므로 꼭 해야 하는 과제가 신체 동작과 관련된 것이라면 특훈을 통해 효과를 볼 수 있다. 비슷한 동작 혹은 작업이라면 뇌는 그것에 최적화된 움직임을 응용하기 때문이다. 그것을 '뇌의 범화汎化'라고 한다.

'범화'에 관한 유명한 실험으로 존스홉킨스대학교의 왓슨Watson J. B.과 레이너Rayner R. 교수의 연구가 있다. 이 실험에서는 아기 가까이에 다양한 동물을 두고 그중 흰쥐를 만지려 할 때에만 큰 소리를 내어 깜짝 놀라게 만들었다. 이런 행동을 몇 번 반복하면 두려움의 조건반사 상태가 만들어진다. 그러자 흰쥐만이 아니라, 흰 토끼나 흰 수염을 붙인 산타클로스까지 무서워하게 되었다. 즉, 공포를 느낀 뇌가 흰쥐만이 아니라 겉모습이 유사한 다른 존재에도 반응하게 된 것이다.

이 범화 작용을 뇌의 움직임에 응용하면 된다. 야구선수가 골프를 시작하면 처음부터 비거리가 잘 나오곤 하는데, 이는 '도구를 흔들어 볼의 중심을 맞추어 멀리 보낸다'라는 방법을 뇌가 기억하고 있어 범화 작용이 일어난 예이다. 신체적인 움직임과 관련된 과제를 하는 데 요령이 없어 고민이라면 그 과제와 비슷한 동작을 연습하는 훈련을 반복해보자.

하지만 모든 과제를 반복 훈련하는 것이 오히려 비효율적일 수 있으니 필요한 시점에 적절하게 수행하기를 추천한다(물론 그런 자세도 대단히 멋있다고 생각한다. 매사 전력을 다해 몰두하는 모습은 진정 아름답다).

한편, 요령 없음이 작업 효율 문제와 관련된 유형이라면 '준비의 가치'에 주목할 필요가 있다. 돗토리대학교의 도이±# 연구팀은 준비 여부와 준비의 질이 작업 효율에 미치는 영향에 관한 연구를 진행했다. 이 연구에서는 71명의 피험자를 사전 계획을 세운 그룹과 세우지 않은 두 개의 그룹으로 나누어, 작품을 조립하는 데 걸린 시간, 실수 횟수, 조립 완성도의 차이를 조사하였다. 여기서 사전 계획이란 '어떠한 계획을 어떻게 실행할지, 그리고 무엇을 어떻게 사용할지를 작업 전에 확실하게 확인하는 일'을 말한다.

실험 결과, 원래 작업 속도가 빠른 사람들 사이에서는 약간의 차이만 있었을 뿐, 통계적으로 유의미한 수준의 차이는 없었다. 하지만 원래 작업 속도가 더딘 사람들은 큰 차이를 보였다.

계획 시간을 포함하고도 작업에 걸린 시간은 약 20퍼센트, 작업 중의 실수 횟수는 약 30퍼센트나 감소했다. 최종적인 작품의 완성도에는 특별히 큰 차이가 없었다. 이 결과를 바탕으로 이야기할 수 있는 것은 작업 전에 시간을 두고 작업의 사전 계획, 즉 준비를 확실히 하는 단계가 중요하다는 점이다. 예를 들어 작업 계획을 세우고 체크리스트를 만든다, 혹은 포스트잇을 이용하여 무엇을 어떻게 할지 보이는 곳에 붙여두고 완료된 순서대로 떼어버린다 등이다. 이런 계획을 시행하면 작업 점검·확인도 가능하기 때문에 만약 계획 단계에 시간이 좀 걸리더라도 결과적으로는 작업의 효율을 향상시킬 수 있다. 참고로 질이 낮은 계획은 안 하느니만 못하다. 사전 계획은 꼼꼼하게 제대로 세우는 편이 좋다.

어제와 똑같은 내가 싫어서 심리학을 공부하기 시작했습니다

ACTION

신체 동작과 관련된 요령 없음은
거듭된 훈련으로 단련한다.
그리고 범화를 이용한다.

작업 효율과 관련된 요령 없음은 준비 습관 들이기로
개선한다.

20

집중력이 없다

#쉽게_질린다 #생각이_흐트러진다 #차분함이_없다

episode

"보고서 작성 중에 집중력이 떨어져 잠시 쉬려고 인터넷 창을 열었는데 볼거리가 너무 많다. 커피 사러 다녀오고 이것저것 하다보니 어느덧 퇴근 시간. 당연한 듯 야근을 하며 생각해보니 오늘은 특히 일보다 기분 전환하느라 할애한 시간이 길었던 것 같다. 정신을 차리고 보니 무슨 일이든 척척 해내는 동기는 이미 정시 퇴근…… 왠지 부럽다."

업무 이야기만이 아니다. 시간에 쫓기며 이삿짐을 싸던 중에 갑자기 추억에 젖어 버리려던 옛날 잡지를 읽으며 시간을 보내거나, 공부해야 할 시간에 갑자기 책상 정리에 꽂혀 에너지를 다 써버리는 등 집중력이 지속되지 않아 곤란한 경험은 누구에게나 있을 것이다. 물론 지나치게 집중하여 번아웃되는 것도 좋지 않으니 기분전환도 중요하다. 하지만 기분전환에 치중하다 보면 주변 시선이 따갑게 느껴지는 일도 있을 것이다. '또 인터넷 하네' '또 자리에 없네……' 등 부정적인 이미지가 박혀버리기 때문에 괜한 일로 눈에 띄는 것은 위험하다.

작업에 집중해야 하거나 누군가의 이야기를 잘 들어야 하는 상황에서 무의식중에 '의미 없는 낙서'를 해본 적이 있는가?

'너무 지루하다'라는 의미의 몸짓 같지만, 플리머스대학교의 앤드라드Andrade J. 박사에 따르면 실은 낙서를 하는 행위도 집중력을 높이는 데 일조한다고 한다. 그러니 낙서를 계속해도 된다.

어차피 하지 않으면 안 되는 작업이라면 집중력을 높여서 척척 해내고 싶다. 그러면 작업 효율도 높아지고 분명 개인 생활도 더 충실해질 것이다.

일리노이대학교의 어배너-샴페인 캠퍼스에서 진행한 연구에 따르면, 50분간 작업을 계속하다 보면 능률이 서서히 떨어지는데, 주요 작업을 하기 직전 2분간 휴식하면 능률이 떨어지지 않는다고 한다. 뇌는 휴식을 취한 직후의 변화에 민감하기 때문에 그때 에너지를 다시 쏟는다.

더불어 '귀여운 사진 보기'라는 행위도 집중력 향상에 효과적이라고 히로시마대학교 대학원의 이리토노 히로시入戶野宏 연구진이 실험을 통해 밝혔다. 이 실험에서는 피험자인 학생에게 손끝이나 머리를 사용하는 섬세한 작업을 의뢰하고, 아기 동물의 사진을 보여준 뒤 다시 같은 작업을 하게 했다. 작업 내용은 ① 게임판 구멍에서 작은 조각을 떼어내는 작업 ② 문자열에서 특정 글자를 찾는 작업이었다. 그 결과는 이렇다.

① 게임판 구멍에서 작은 조각을 떼어내는 작업

- 새끼 고양이나 강아지 사진을 본 학생: 사진을 본 뒤에 작업 성공률이 증가하고, 성공 횟수가 약 44퍼센트 증가했다.
- 다 자란 고양이나 개의 사진을 본 학생: 성공 횟수가 약 12퍼센트 증가했다.

② 문자열에서 특정 글자를 찾는 작업

- 새끼 고양이나 강아지 사진을 본 학생: 성공 횟수가 약 16퍼센트 증가했다.
- 다 자란 고양이나 개의 사진을 본 학생: 성공 횟수가 1.4퍼센트 증가했다.
- ※ 먹음직스러운 음식 사진을 본 경우: 성공 횟수가 1.2퍼센트 증가했다.

개와 고양이 사진을 보기만 해도 작업의 성공 횟수가 늘었지만, 새끼 고양이나 강아지처럼 '더 귀여운' 사진을 본 경우 성공률과 정답률이 더 향상되었다. 집중력이 있어야 작업의 효율이 높아지므로 '새끼 고양이나 강아지 등 귀여운 사진을 보는 것만으로 집중력이 좋아진다'라고 결론지을 수 있다.

단, '귀엽다'고 느끼는 대상은 사람마다 다르기 때문에 새끼 고양이나 강아지뿐 아니라 고슴도치나 부엉이, 가상의 캐릭터 등 모두 괜찮다. 스마트폰 배경화면으로 설정하거나 사진을 책상에 붙여두는 것도 좋은 방법이다.

집중력이 떨어진다면 무의식적인 낙서를 계속하면서 적당히 휴식을 취한다. 그리고 귀여운 사진을 본다. 바짝 긴장되는 작업 중에도 짬짬이 마음을 평온하게 하는 무언가를 보면 기분전환도 되고 추가로 집중력도 향상시킬 수 있으니 일석이조이다.

실제로 집에서 새끼 고양이나 강아지, 가족이 기다리고 있다면 일을 집중해서 척척 끝내고 진짜를 만나 함께할 수 있는 시간을 가지자. 그러면 행복 호르몬이라 불리는 옥시토신이 분비되어 치유와 릴렉스 효과를 얻을 수 있다.

ACTION

새끼 고양이나 강아지처럼

귀여운 사진을 본다.

낙서를 자주 한다. 주요 작업 전에 2분간 휴식한다.

21

끈기가 없다

#작심삼일 #빠른_포기 #빠른_좌절

episode

"운동 부족이 심하다는 생각에 월정액으로 피트니스 클럽에 등록했다. '종일 이용권으로 끊어서 퇴근길이나 주말에 열심히 다녀보자. 근력은 높이고 지방은 줄이자!'라고 마음먹은 것도 잠시, 처음 1주일 열심히 다니고는…… 영어 회화를 공부하겠다고 마음먹고 서점에서 《이거라면 누구나 가능!》이라는 교재를 사놓고 며칠 못 가서 또 중단…… 아침 일찍 일어나 명상이나 운동을 하며 여유 있게 하루를 시작하겠다고 생각했는데 그것도 며칠 못 가서 포기…… 뭐 하나 꾸준히 하는 일이 없다고 스스로 실망하는 중이다."

　　　　　이른바 '작심삼일'을 어떻게 이겨내
느냐는 인간의 영원한 숙제일지도 모른다. 어차피 인간의 뇌는
싫증을 쉽게 느끼도록 설계되어 있어서 끈기의 부재는 자연스
러운 일이다. 다섯 번째 주제인 '참견' 챕터에서 언급한 대로,
뇌에서는 다양한 상황에 적응하려고 하는 '습관화'라는 작용이
일어난다. 습관화란 이른바 '매너리즘화'로, 새로운 사건이나
사물 하나하나에 설렘을 느끼지 않게 되는 것을 가리킨다. 사
물이 새롭고 신기한 동안에는 뇌의 대뇌보상계 회로가 움직이
고 쾌락 물질인 도파민이 분비되어 뇌가 활성화되지만, 습관화
가 일어나면 대뇌보상계가 더는 움직이지 않게 된다.

　이 대뇌보상계가 작심삼일 탈피의 열쇠이다. 자기 스스로 뇌
를 자극해 기쁨을 계속 느낄 수 있다면 참 좋겠지만 말이다.

홍콩 중문대학교의 쉔Shen L. 교수와 시카고대학교의 후시Hsee C. K. 교수는 '무의미한 보상에 인간은 어떻게 반응하는가'를 조사했다. 피험자에게 컴퓨터를 사용해 작업을 하도록 했다. 화면상에는 늘 '수수께끼의 점수'가 표시되고 작업을 끝낼 때마다 점수가 랜덤하게 증가한다. 다만, '이 점수에 특별한 의미는 없다, 작업을 평가하고 있는 것도 아니다'라는 사실을 피험자 대부분은 중간부터 느끼게 된다.

언뜻 보면 무의미하게 표시되어 있을 뿐인 숫자. 하지만 이 '수수께끼의 점수'가 빠르게 증가할수록 피험자의 동기가 향상되고, 점수가 늘어나지 않을 때는 작업 효율도 낮아지는 결과가 나왔다! 그렇다, '무의미한 숫자가 뇌에 일종의 보상으로 작용한 것'이다.

본래 인간에게는 편안해지고 싶어 하는 성질이 있어서 복잡한 것은 지속하기 어렵다. 그럴 때 습관을 만드는 다양한 방식을 활용한다. 그 방식 가운데 수수께끼 점수 방식을 응용하여 '행동을 숫자로 기록'해보는 방법을 추천한다. 숫자를 뇌에 선물(포상)하는 것이다.

다이어트로 체중의 경과를 추적 기록하는 일은 흔하지만 정체기에 들어서 체중이 줄어들지 않으면 기록에 변화가 없어, 뇌가 기쁨을 느끼지 못해 의욕이 저하된다. 이때 행동에 숫자를 부여하여 기록하는 방법을 시도해보면 어떨까. 예를 들어 '피트니스에 가면 1' '1킬로미터를 달리면 5' '스쿼트 50회는 10'처럼, 자신 스스로 정해둔 포인트를 기록하는 것뿐이므로 체중이 줄든 말든 상관없다.

더 간단하게 '다이어트로 이어지는 행동을 하면 캘린더에 동그라미를 그린다'도 괜찮은 방법이다. 서른한 개의 동그라미가 다 채워지는 상황이 대뇌보상계를 자극하면 뇌가 즐겁다고 느끼기 때문에 지속할 수 있다. 이 방법은 한번 시작한 일이 중간에 끊어지는 상황을 불쾌하게 느끼는 뇌의 특성을 함께 이용하는 것이다. 스탬프가 매일 느는 것을 보면 라디오 체조를 계속할 수 있게 되는 상황과 같은 이치이다.

작가인 무라카미 하루키의 이야기를 소개하자면, 하루키 씨는 항상 다음 날 들을 레코드를 머리맡에 준비해둔 뒤 잠자리에 들고, 아침에 일어나면 달리기를 한 후 쓸 것이 있든 없든 책상에 앉는다고 한다. 세상에서 일류라고 불리는 사람들은 '달리는 것' '쓰는 것' 등 해야 할 일을 습관으로 만들었다. 누구든 '양치를 하지 않으면 찝찝하다'고 느끼듯 피트니스에 가거나 달리기하기, 영어 회화 등도 안 하면 찝찝한 기분을 느끼는 수준까지 습관화하면 된다. 이 경지에 도달하려면 시간이 조금 걸릴 수 있으나, 꾸준히 기록하는 습관을 들여 우선 작심삼일에서 탈피해보자. 그리고 중요한 일은 무엇이든 습관으로 만들어 일류를 노려보자.

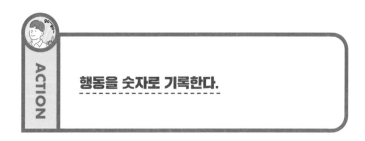

ACTION

행동을 숫자로 기록한다.

어제와 똑같은 내가 싫어서 심리학을 공부하기 시작했습니다

22

계획성이 없다

#충동적 #막다른_골목 #생각_없음

"사내 신규 사업 콘테스트가 열린다. 여기서 뽑히면 프로젝트 리더도 더이상 꿈이 아니다! 프레젠테이션 당일, 이미 익숙한 주제이니 '문제없지!' 대략 요지만 정리한 PPT를 준비했다. 그런데 주어진 시간 대부분을 할애해 설명하려니 뭔가 갈피를 잡지 못하고 전달이 잘 안 되는 느낌이다. 게다가 생각지도 못한 대표이사의 압박 질문과 질의가 쏟아져 채답도 못 한 채 주어진 시간은 끝이 나고 말았다. 라이벌이라 생각하는 동료를 힐끗 보니 질문이 들어올 포인트를 파악해 보조 자료까지 준비해온 듯하다."

'그때 더 계획을 꼼꼼히 세울 걸……'
하고 후회한 일, 누구나 있을 것이다. 중요한 순간에 승부에 강하거나 배짱이 두둑한 것은 좋은 점이지만, 만일을 대비한 작업을 해두지 않으면 작은 일이 불씨가 되어 모두 도루묵이 될 수도 있다. 일의 순서나 준비성이 중요한 건도 있기 때문에 어느 정도 계획성은 갖추어야 한다. 계획성 없는 일이 잦으면 '되는 대로 하는 무계획적인 사람'이라는 억울한 낙인이 찍히게 된다.

'계획성이 없음'을 다른 관점에서 보면 '충동성이 강하다'로 해석할 수 있다. 미래의 일을 크게 생각하지 않고 눈앞의 일에만 신경을 쓰는 사람이라고 말할 수 있겠다.

제네바대학교의 체르마텐Zermatten A. 연구진의 연구에서도 충

어제와 똑같은 내가 싫어서 심리학을 공부하기 시작했습니다

동성과 무계획성은 가까운 개념이라는 사실이 확인되었다. 체르마텐 연구진에 따르면 충동성은 다음 네 가지 타입으로 나뉜다.

- 절박감: 무엇이든 지금 바로 하지 않으면 직성이 풀리지 않는다.
- 계획성 없음: 생각하거나 계획하지 않고 행동한다.
- 인내심 없음: 긴 시간이 걸리는 과제는 바로 포기한다.
- 자극의 추구: 자극이나 쾌감을 주는 일만 하려고 한다.

피험자들에게 과제를 주고 이들의 성질과 의사결정과의 관계를 조사한 결과, 무모한 의사결정의 가장 큰 요인은 무계획성이라는 점을 알 수 있었다. 자신을 제어하는 능력이 없으면 계획이나 순서 등을 무시하였다.

한편, 토론토대학교의 튈레Tullett A. M. 교수와 인즐릿Inzlicht M. 연구팀은 '자문자답'이 자신을 컨트롤하는 데 도움이 된다는 점을 확인했다. 이 연구팀은 피험자인 학생 서른일곱 명을 A그룹과 B그룹으로 나누고 지정된 색의 도형이 표시되면 버튼을 누르게 했다.

- A그룹: 머릿속에서 자문자답하면서 문제에 답한다.
- B그룹: 평소에 안 쓰던 손으로 원을 계속 그려 자문자답을 방해받는 상태를 만들고 문제에 답한다.

이때 제시되는 도형들은 실수로 버튼을 누르기 쉬운 색으로 구성하였다. 무심코 버튼을 누르고 싶은 충동을 제어할 수 있는지를 확인하였다.

그 결과, 머릿속으로 '이게 맞나?' 하고 자문자답한 A그룹 쪽이 자문자답하기 어려운 상황에 놓인 B그룹보다 약 30퍼센트나 성적이 좋았다. 자신의 행동을 언어로 자문자답하는 것만으로도 충동적으로 선택하기 쉬운 선택지를 잘못 고를 확률이 낮아진 것, 즉 자기 제어 능력이 향상된 것이다.

이렇듯 이성을 움직이기 위해서는 언어의 힘이 필수이다. 무엇이든 충동적으로 계획 없이 해버리려는 경향이 있는 사람은 지금 자신이 하려고 하는 일, 발언하려고 하는 것을 일단 머릿속으로 시뮬레이션하며 자문자답해보자. 그다음에 판단하도록 한다. '나중에 후회해도 소용없다'이자 '유비무환'이다. 원래 중요한 순간의 승부에 강한 당신이니 계획성까지 갖춘다면 주위로부터의 신뢰도 분명 높아질 것이다.

ACTION

머릿속에서 자문자답한다.

23

상황 적응력이 없다

#임기응변에_약하다 #매뉴얼_인간 #유연성이_없다

episode

"입사 이후 계속 경리 부서에서 일하며 숫자와 친해진 지 3년. 경리 일이 잘 맞는 것 같아 평화로운 회사 생활을 즐기고 있었는데, 인사이동으로 홍보팀으로 발령이 났다. 밖으로 드러나는 화려한 부서라 주변에서는 부러워하는 사람도 있지만, 아무리 노력해도 우울한 기분을 떨칠 수 없다. 게다가 이동한 지 얼마 되지 않아 바로 공휴일. 이벤트에 동원되었는데 비품은 부족하고, 예정된 출연자는 갑자기 취소 통보를…… 할 수 있는 게 없어서 이러지도 저러지도 못하고 있는데 '좀 스스로 생각해서 움직이지'라고 상사에게 짜증스러운 핀잔만 들었다."

　　　　　　　　　회사 경영진이 갑자기 바뀌고, 사내
공용어가 영어로 변경되었다. 연공 서열이 사라지고 나이 어린
직원이 상사가 되는 등, 회사생활에는 늘 변화가 따르는 법이
다. 갓 시작된 4차산업시대가 어떻게 전개될지는 아직 모르지
만, 변화의 스피드가 빨라질 것만은 확실하다. 일상생활에서도
법률과 규칙이 바뀌거나 도구가 크게 진화하는 등, 상황 적응
력은 앞으로 점점 더 요구되는 능력이라고 할 수 있다. 애초에
다윈도 생존경쟁에서 살아남는 것은 강한 자가 아니라 적응력
이 있는 자라고 했다. 고대에서 현대까지 생존을 위해 필요한
것이 적응력이라고 한다.

　현대적인 의미로 '상황 적응력이 없다'는 뜻은 '규칙·전례가
없거나 급한 변경이 발생하면 대응을 못 한다. 임기응변이 안

된다'는 뜻이다. 뒤집어 보면 '규칙을 지키면 혼나지 않는다, 독자적인 행동을 하면 혼날 수도 있으니 하고 싶지 않다'라는 생각을 의미한다. 즉, 상황 적응력이 없음은 불안한 마음이 강하다는 뜻이다.

인간에게는 '생명 유지'와 '종족 보존'이라는 본능이 내재해 있어 '전례를 따라 행동하면 생명이 위협받을 위험은 없다'고 생각한다. 그래서 전례가 없는 일은 생명의 위험과 직결될 수 있어 별로 내켜하지 않는다. 본능 수준의 불안을 극복하고 상황 적응력을 기르려면 어떻게 해야 할까?

우선 조금 특이한 방법부터 살펴보자. 아일랜드의 코크국립 대학교의 알렌Allen A. P. 팀과 카디프대학교의 스미스Smith A. P. 연구진은 껌을 씹을 때와 씹지 않을 때, 씹는 방식, 씹는 시간 등 다양한 차이를 정하여 생산성과의 관계를 살펴보는 실험을 진행했다. 일하는 중에 껌을 씹으면 스트레스가 줄고, 주의력이 향상되며 능률이나 생산성이 다소 향상되는 점을 실증했다. 특히 "쩍쩍" 하고 입을 크게 벌리고 껌을 씹으면 '새로운 정보 처리' 능력이 좋아진다고 한다. 상황 적응력이나 임기응변과

어제와 똑같은 내가 싫어서 심리학을 공부하기 시작했습니다

상관관계가 깊기 때문에 시도해볼 만하다.

여기까지는 이른바 상황 적응력을 위한 기반 다지기를 하는 작업이다. 땅이 다져졌으면 이번에는 건물을 지어야 한다. 즉, 적응력 자체를 훈련한다. 적응력은 기본적으로 커뮤니케이션 능력과 크게 관련이 있다. 커뮤니케이션 능력이 좋은, 즉 외향성이 강한 사람은 정보 수집 능력이 뛰어나 타인과의 관계 속에서 문제 해결을 끌어낸다. 반대로 커뮤니케이션 능력이 서툰 사람은 상황 파악이 더디거나 혼자 문제를 해결하려고 해서 적응력이 떨어지는 것이다.

그렇다면 단시간에 외향성을 높이기 위해서는 어떻게 하면 좋을까? 물론 외향성은 하루 아침에 함양할 수 있는 것이 아니다. 우선 응급처치로 사용할 수 있는 기술을 살펴보자.

사실 이 기술은 간단하다. 단순히 '외향적인 척'을 하면 된다. 캘리포니아대학교 리버사이드 캠퍼스의 마고리스Margolis S. 연구팀과 류보머스키Lyubomirsky S. 연구팀은 123명의 피험자에게 1주일에 걸쳐 '출퇴근 지하철 안에서 모르는 사람에게 말은 거는' 등, 의식적으로 외향적인 행동을 하도록 하는 실험을 진행하였고, 이후 일주일간은 내향적으로 행동하도록 요청했다. 그 결과 외향적으로 행동한 주는 행복도와 만족도가 높았지만, 내향적으로 행동한 주는 긍정적인 감정을 느끼는 일이 크게 없었다. 이 실험 결과는 누구나 외향적으로 행동하면 그 감정에 심취할 수 있음을 보여준다.

이 결과에 '사람은 원래 사회적인 생물이다. 사람과 사람과의 연결고리 속에서 살아가는 생물이기에 이런 결과가 나온 것이 아닐까'라며 실험을 진행한 연구진들도 크게 놀랐다.

'실험'이라는 대의명분이 피험자들의 마음의 벽을 허문 것이 아닐까 하는 생각도 든다. 우리가 '외향적인 척'을 할 때 '이것은 나 자신의 한계를 시험하는 실험이야!'처럼 뭔가 '명분'을 준비하면 실행하기 더 쉬워질지 모른다. 스물일곱 번째 챕터에서 소개할 짐바르도Zimbardo P. G. 연구팀의 '스탠퍼드 감옥실험'에서 확인할 수 있듯, 사람은 '롤 플레이'가 가능한 존재이다. 인생이라는 장대한 무대에서 하나의 역할을 해내겠다는 마음으로 연기하는 것도 방법일 수 있다. 그렇게 하면 높은 행복감까지 손에 넣을 수 있다니 금상첨화가 아닐 수 없다.

다만, 아무리 상황 적응력을 높이기 위해서라지만 우리 문화에서 껌을 씹으며 사람을 만나는 것은 좋은 인상을 주지 않는

어제와 똑같은 내가 싫어서 심리학을 공부하기 시작했습니다

다. 역할을 수행하기 전에 먼저 껌을 씹어두는 것이 유리할 수 있다.

껌을 씹는다.
- - - - - - - - - -
그리고 외향적으로 행동해본다.

24

성장 욕구가 없다

#몸_사림 #적당주의 #현상유지

episode

"대기업이라고 취직하기는 했지만, 동종업계 경쟁사에 뒤처지기 시작한 지 오래이고 최근 수년간 마켓 쉐어는 만년 5위. 회사 동기에 비해 평가나 성과도 뒤처진다. 뭐 그래도 꼬박꼬박 월급도 나오고, 크게 문제될 것은 없다. 그러던 중 상사와 면담을 하는데 '그렇게 성장 욕구가 없어서 어쩔 거야'라며 대놓고 타박을 들었다. 글쎄요, 성장 욕구가 뭔가요?"

■■■■■　　　　　어릴 적에는 운동회의 달리기 시합
에도 등수가 있어서 1등을 하면 콧대가 하늘 높은 줄 몰랐다.
진 사람은 억울해하는 것이 당연했고, 달리기가 빠른 남자아
이는 반에서 인기도 많았다. 자세히는 모르지만, 요즘은 운동
회에서 달리기 시합에 등수를 매기지 않고 목표 지점에 도착
하게 하는 데 의의를 둔다는 이야기를 들었다. '더 빨리 달리고
싶다!'라는 발전 욕구나 경쟁심이 생기기 어려운 환경인 점을
부인할 수 없다.

　열심히 하지 않아도 딱히 곤란하지 않다면 노력하지 않는 쪽
이 편하지 않은가! 그런데 생각해보자. 젊을 때는 아직 성장의
기회가 있으니 괜찮다지만, 과연 50대나 60대가 되었을 때는
어떨까? 지금 분발해두지 않으면 나중에 점점 더 큰 대가를 지

불해야 하는 사태를 맞을지도 모른다. 같은 세대 친구와 함께한 모임자리에서 화제가 맞지 않아 비참한 생각이 들 뿐이면 그나마 괜찮지만, 일이 들어오지 않거나 급여가 낮아 생활이 안 되는 등 인생의 사활을 거는 문제로 커지지 않는다고 누가 장담할 수 있을까. 저런, 너무 비약하는 느낌인가.

얄궂게도 이상이 높고 성장 욕구를 가진다고 해서 바로 연수입이 다섯 배 증가하진 않는다. '노력해도 결과를 얻기 쉽지 않다'는 사실은 우리가 '됐어, 그냥 이렇게 살아도 괜찮잖아'라고 합리화하게 만드는 원인이 된다.

뉴욕대학교의 케이블Kable J. W.과 글림처Glimcher P. W. 연구팀이 진행한 연구에 따르면, 무언가의 대가로 보상을 받을 때, 바로 보상받는 경우와 한참 시간이 지난 뒤에 보상받는 경우를 비교해보니 전자일 때 대뇌보상계가 더 활성화된다고 한다.

우리의 뇌는 '지금 행동이 미래에 영향을 준다'라는 점을 논리적으로는 이해하면서도 바로 눈앞의 상황으로 이미지화하지 못한다.

한편, 성과를 바로 알 수 있으면(=뇌가 바로 보상받을 수 있는),

뇌에서 도파민이 분비되어 의욕이 샘솟는다. 그리고 그런 행동을 반복하면 신경회로가 강화되고 도파민이 쉽게 분비되어 이제 칼자루는 나에게 넘어온다.

최근 도파민 연구에서는 도파민의 진정한 작용이 '무언가를 얻거나 피하려고 행동하게 하는 것', 즉 동기를 컨트롤하는 일이라는 사실이 상식으로 통한다. 그러므로 일단 활기차게 행동하고 달성하여 도파민 분비를 활성화하고 의욕을 지속시키면 된다.

지극히 간단한 일이라도 좋으니 자신의 마음속에서 작은 목표를 설정해서 그것을 반드시 달성한다. 이 성공 체험의 쾌감(하나 클리어할 때마다 나오는 도파민의 쾌감)을 한번 맛보면 습관이 되어 '더! 더!' 하며 다음 목표를 해내려는 마음이 들게 된다(도파민은 양날의 검으로, 'ㅇㅇ중독' 같은 의존증과도 관련이 깊다. 한번 시작하면 멈출 수 없다는 의미에서는 마찬가지이다).

장기적인 목표나 수십 년 후의 자신을 상상하며 노력하는 것까지는 아니더라도, 눈앞에 주어진 일을 하나씩 완수해가며 성공 체험을 쌓아나가면 되는 것이다. 그러기 위해서는 우선, 눈앞에 주어진 것에 한 걸음 더 다가가는 데서 시작한다. 움직이지 않으면 아무것도 달라지지 않는다. 우선 움직여보자.

성장 욕구를 바탕으로 뭔가를 계속 해내는 결과에 익숙해지면, 주위 사람들의 평가도 좋아지고 자연스럽게 수입도 늘어 사회적 지위도 향상된다. 마음은 물론 겉모습도 달라져 의욕이 없던 때와 비교하면 '멋짐'이 훨씬 강화된다. '눈에 들어오는 풍경'도 완전히 달라진다. 어차피 한번 사는 인생, 바로 앞의 한 걸음부터 성공 체험을 쌓아보자. 그리고 '정상에서 바라보는 풍경'을 아는, '차이를 아는' 어른이 되어보자.

**우선 가까운 목표를 세워
한 걸음씩 실행한다.**

그리고 그것을 습관으로 만든다.

어제와 똑같은 내가 싫어서 심리학을 공부하기 시작했습니다

25

행동력이 없다

#실행력이_없다 #그림의_떡 #엉덩이가_무거움

"신규 사업 사내 공모에 가벼운 마음으로 기획을 제출했는데, 뽑혀버렸
다. 우왕좌왕하는 사이에 신규 사업 출정식 준비를 맡게 되었고, 제안했
던 기획을 진행하는 일까지…… 하지만 자신이 생각했던 계획을 스스
로 실행하려니 자신도 없고 귀찮고, 방법이 떠오르지 않아 전혀 진행이
안 된다."

재미있는 아이디어나 참신한 기획을 잘 떠올리는 사람이 부러울 뿐이다. 세상만사, 아이디어가 다라고 말해도 과언이 아니다. 그런 의미에서 이런 경우 행동이 동반되지 않는 상황이 안타까울 수밖에. 실패를 두려워하지 않고 무엇이든 시도해보라고 조언하고 싶지만, 실패가 두려운 것인지 단순히 귀찮은 것인지 아니면 경험이 부족한 것인지…… 행동력이 부족한 이유는 제각각이다.

미국의 사회학자 로버트 머튼Merton R. K.은 '예언의 자기성취'라는 개념을 제창했다. 이 개념은 만약 틀린 예언이었다 해도 그 예언을 믿으면 실현되는 현상을 말한다. '당연히 실패한다'라는 생각에 사로잡혀 노력을 하지 않고 머리만 싸매고 고민만 하고 있다 결국 실패하는 것이 대표적인 반대 예이다.

실행력이 없어 고민인 사람은 이 예언의 자기성취 효과를 적용해보면 좋다. 긍정적인 상황으로 바꾸어 대입하여 활용해보는 방법이다. 예컨대 'A 프로젝트, 이번 분기 안에 시작한다' '이번 분기 예산, 달성할 수 있을 것 같은걸!'이라고 할 일을 자기 스스로 예언한다. 마치 예언자가 된 듯 미래의 일이나 목표를 뚜렷하게 밝히면 그것을 이루기 위해 노력하게 되고, 목표를 공유하면 주변 사람들에게서 도움도 받을 수 있어 실현 가능성이 커진다.

'나는 실패하지 않을 거야'라고 계속 되뇌면 긴장감이 유지되어 깊이 고민하고 연구하게 되고, 이런 시간이 쌓이면 계속 헤쳐나갈 수 있게 되니 예언의 효과를 노려보자.

앞서 세 번째 주제인 '비뚤어짐' 챕터에서 소개한 '퍼블릭 커미트먼트'는 실행력 없는 사람의 습관 개선법으로도 활용된다. 주위에 자신의 의견이나 입장을 명확히 하면 스스로 일관된 인간으로 보이려고 노력하게 되고, 본인이 밝힌 모습대로 되고자 하는 의식이 강하게 작용한다. 행동력이 없는 사람에게 추천하는 무기이다.

스스로 행동력이 없다고 생각한 사람은 우선 예언을 해보자.

유명한 만화 〈원피스〉의 주인공처럼 "해적왕이 되겠어" "1초마다 5억 원씩 버는 사람이 되겠어" "나는 실패하지 않는다"라고 소리 높여 선언하면 저절로 행동 가능한 사람이 될 것이다.

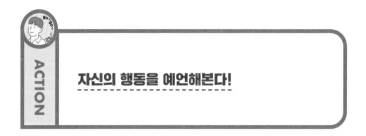

ACTION

자신의 행동을 예언해본다!

어제와 똑같은 내가 싫어서 심리학을 공부하기 시작했습니다

26

책임감이 없다

#떠넘김 #방관자 #헤이

episode

"매주 월요일 있는 팀 미팅 때마다 우울하다. 이유는 언뜻 보면 이런저런 안건을 자신이 맡은 듯 보이지만, 모두 진전이 없는 애매한 안건뿐이기 때문이다. 결국 보다 못한 상사는 업무에 관여하기 시작했고, 다른 담당자에게 휘둘리고…… '뭐, 결국 누군가가 해주겠지'라며 속 편히 있다보니 어느새 사내 니트족(교육·훈련은 물론 업무조차 없고 일할 의욕조차 없는 실업자 — 옮긴이)이 되었다."

집단으로 업무를 진행할 때, '내가 하지 않아도 누군가가 해주겠지'라고 느긋한 생각이 드는 것은 흔한 일이다. 이것은 프랑스 농학자인 링겔만Ringelmannt의 실험을 통해서도 밝혀진 현상이다.

실험에서는 줄다리기, 짐수레 끌기, 맷돌 돌리기 작업을 한 명이 수행하다가, 두 명, 세 명, 마지막에 여덟 명까지 인원을 늘려나가며 1인당 생산성에 대해 살펴보았다. 결과는 다음과 같았다. 한 명일 때 사용하는 힘을 100퍼센트로 간주했을 때, 인원수를 늘려나가니 1인당 아래와 같은 결과가 나왔다.

두 명: 93퍼센트

세 명: 85퍼센트

어제와 똑같은 내가 싫어서 심리학을 공부하기 시작했습니다

네 명: 77퍼센트

다섯 명: 70퍼센트

여섯 명: 63퍼센트

일곱 명: 56퍼센트

여덟 명: 49퍼센트

인원수가 늘어날수록 1인당 힘은 약해진다는, 즉 힘을 뺀다는 사실을 알게 되었다. 여덟 명으로 늘어나자 무려 1인일 때의 절반 이하만 힘을 써도 되었다. 집단이 커지면 커질수록 개인의 힘은 약해지는 현상을 '사회적 나태'라고 한다. '무임승차 현상' 또는 '사회적 태만'이라고도 부른다.

사회적 나태가 무조건 나쁘다고 몰아세울 수는 없다. 전원이 전력을 다하면 몸과 마음의 소모가 심해져서 장기적으로 유지하기 어려워진다. 어느 정도 에너지 소모를 줄이면 지속성이나 최종적인 퍼포먼스가 좋아지는 점도 있다.

같은 월급을 받고 하는 일이라면 조금이라도 편한 것이 좋다. 나만 힘든 것은 싫다는 마음도 인간이라면 당연한 생각이다. 하지만 중간에 다른 담당자에게 업무를 떠넘기거나, 그룹

안에서 방관하거나 하는 노골적인 행동은 '책임감이 없는 사람'이라는 이미지를 심어주고, 신뢰를 잃는 것은 시간문제이다. 결과적으로 의욕이 생기고 보람을 느낄 만한 일이 주어지지 않아, '사내 니트족'이 되어버린다. 그렇게 되기 전에 무슨 방법이든 손을 써야 한다.

책임감의 향상과 관련이 있을 만한 실험으로는 예일대학교의 랭거Langer E. J. 교수가 진행한 실험이 있다. 쉰세 명의 피험자를 반씩 나누어 한쪽 그룹에는 본인이 번호를 고른 스포츠 로또를 주고, 다른 한쪽 그룹에는 랜덤으로 선택된 번호의 로또를 주었다. 그리고 스포츠 로또를 양도해달라고 부탁했더니, 랜덤 번호를 받은 사람보다 자기 스스로 선택한 번호의 로또를 가진 사람들이 더 머뭇거리며 평균 네 배 이상의 가격을 달라고 했다. 사람은 누구나 자신이 고르거나, 결정한 일에는 책임감을 갖고 관여하고 싶어한다. 커미트먼트가 높아지는 것이다.

그러므로 책임감을 느끼기 위해서는 누군가가 시켜서 하기보다는 저 스스로 손을 들어 시작하는 것이 이상적이다. 팀으

어제와 똑같은 내가 싫어서 심리학을 공부하기 시작했습니다

로 하는 프로젝트라면 처음에 손을 들고 우선 '여기부터 여기까지는 제가 담당하겠다'고 선언해보자. 작업의 범위를 모두 함께 명확하게 한 뒤 시작한다. 그러면 자신이 선언한 범위 정도는 책임을 갖고 해내야 한다는 심리가 자동으로 작용하고, 주위의 시선이 감독 역할을 해주어 좋은 의미의 압박감이 생기게 된다. 물론, 선언했던 범위의 작업을 생각보다 일찍 마치면, 범위를 더 넓히거나 다른 사람의 일을 돕는 것도 좋다. 팀 내에서 이미지도 점점 좋아질 것이다.

방관자만 있는 집단은 언젠가 자멸한다. 그야말로 '누군가 하겠지는 망하는 지름길'이다. 책임을 회피하기만 하는 자신에게 이별을 고하자. 자신이 방관자가 될 것 같다고 느낀다면, 열다섯 번째 주제인 '게으르다' 챕터에서 소개한 대로 자기 자신을 분발시키고 의욕 스위치를 켜주는 말을 정해두는 것도 한 가지 방법이다.

이왕 할 거면 전력을 다해서 임하는 편이 기분도 좋고 후회도 없다. 하지 않고 후회하기보다 하고 후회하기. '조금씩 책임을 진다'란 경험을 쌓아가면 어느새 책임감도 강해질 것이다. 사내 니트족이 되기 전에 실행만이 답이다!

ACTION

작업 범위를 스스로 명확하게 밝힌다.

어제와 똑같은 내가 싫어서 심리학을 공부하기 시작했습니다

27

리더십이 없다

#통솔력이_없다 #목표와_계획이_없다
#선두에_서지_못한다

episode

"갑작스럽게 지명을 받아 프로젝트의 리더가 되었다! 여섯 명 규모인 팀의 리더가 되었는데, 원래부터 상사 입장에서 지시할 줄 모르고, 불만도 잘 못 들어주는 편이라 최종 결정권 같은 것은 갖고 싶지 않다. 팀을 정리하고 단합하지 못해 어느새 모두들 제각각이다."

리더십의 유형에는 '보스 타입'과 '리더 타입' 두 종류가 있다. 간단히 설명하면 '보스 타입'은 부하 직원에게 명령하는 스타일이고, '리더 타입'은 부하 직원에게 열의를 끌어내 가야 할 방향으로 이끌어주는 스타일이다. 현대 사회 조직에서는 '같이 하자!'라고 이끌어주는 '리더'를 이상적으로 여긴다. 그리고 리더에게는 '목표 달성 행동'과 '집단 유지 행동'이라는 두 기능을 촉진하는 능력이 필요하고, 이것이 부족하면 리더십이 없다는 말을 듣게 된다.

직장에는 팀장, 부팀장, 팀원, 어시스턴트 등 역할이 있는데 실은 가정에도 엄마, 아빠, 조부모, 형, 언니 등의 역할이 존재한다. 같은 사람이라도 직장, 가족, 친구, 연인 등과의 관계에서 맡은 역할에 따라 다른 면을 보이게 된다. 이는 '모드 성격'이라 불리는 개념으로 '환경이나 상황의 변화에 따라 달라지는 성격'을 가리킨다. 평소에는 반말로 편하게 이야기하던 친구가 아르바이트하는 편의점에 놀러 갔더니, 말투부터 성격, 행동거지까지 평소와 완전히 다른 진짜 '직원' 몫을 하고 있어 놀란 적은 없는가? 그리고 맡은 일이 끝나면 바로 다시 평소의 친구 모드로 돌아온다. 사실 이런 상황은 꽤 일상적이다.

비슷한 개념으로 '역할 성격'이라는 것이 있다. 사람은 '주어진 역할에 맞추어 행동하려는 성격'이 있다. 이 역할 성격은 사실 엄청난 힘을 가진다. 심리학자인 필립 짐바르도Philip Zimbardo가 실시한 이른바 '스탠퍼드 감옥실험'이라는 유명한 실험이 있다. 스탠퍼드대학교 캠퍼스 내에 진짜 교도소 같은 장소를 만들어두고, 신문 광고를 통해 피험자를 신청받았다. 건강한 스무 명의 대학생 피험자들을 두 그룹으로 나누어, 각각 교도관과 수감자 역할을 하도록 하였다. 그리고 2주라는 기간을 두고 주어진 역할에 따라 '교소도 놀이'를 하며 지내도록 했다.

그러자 시간이 흐름에 따라 교도관 역할을 맡은 사람은 지배적인 성격으로 변했고, 수감자 역할을 맡은 사람은 하루하루 지날수록 복종적으로 변했다. 교도관 역할을 맡은 사람은 벌을 주고 금지되었던 폭력을 행사하는 등의 모습을 보였다. 수감자 역할을 맡은 사람 중에는 포기하는 사람도 속출했다. 실험은 2주까지 지속되지 못하고 일주일만에 중단되었다. '사람은 주어진 역할 대로 행동하는가'라는 실험의 목적을 확인하기는커녕, 가성비 좋은 아르바이트라고 생각하고 참가한 실험자들이 진짜 교도소의 교도관처럼 난폭한 행동을 하고, 수감자 역할의 사람들을 몰아붙인 것이다. 주어진 역할 대로만 행동하면 무서운 결과를 초래한다는 사실이 증명되었다.

교도소 놀이는 매우 특수한 설정이고 인권의 문제도 있었지만, 회사라는 조직이나 팀 내에서 '역할'을 명확히 하면 스스로 그 역할에 맞는 모습을 연기하게 될 것이다. 자신이 리더이므로 여기서도 퍼블릭 커미트먼트 효과를 사용하여 '내가 리더이다'라고 확실하게 선언한다. 그리고 멤버에게는 '○○는 서브 리더, ○○는 조사 담당, ○○은……'라는 식으로 역할을 부여한다. 그러면 각각 자신의 역할에 따른 행동을 '연기'하기 시작하여 앞서 말한 '사회적 나태'도 줄일 수 있다.

만약 자신이 리더 선언을 해도 크게 효과가 없을 것 같다고 생각한다면, 더 윗선의 상사에게 부탁하여 그룹 전원 앞에서

리더로 임명받는 것도 방법이다.

누가 리더인지 알 수 없는 프로젝트는 '사공이 많으면 배가 산으로 간다'는 말처럼 순조롭게 진행되지 못한다. 역할을 '연기하는' 기분으로 충분하니, 리더십을 발휘하여 팀을 하나로 모아 프로젝트를 성공시켜보자!

ACTION

리더의 역할을 미리 연기해본다는 마음으로 행동한다.

낯가림이 심하고 말주변이 없다. 친구가 적다.
직장에서는 '센스 없는 사람'으로 통한다. 이 사람 저 사람 배려했더니
'혼자만 착한 척이야'라는 뒷담화만 돌아온다.
사람 관계에 고민은 늘 따르는 법. 그래도 좋은 인간관계를
만들고 싶은 당신에게 '관계 습관'을 개선하는 행동을 소개한다.

제 3장

관계 습관

커뮤니케이션

28

낯가림이 심하다

#소심 #내향적 #마음을_열지_못한다

episode

"상사 대신 거래처에서 주최하는 파티에 참석하게 되었다. 호텔 연회장에서 스탠딩 파티 형식으로 진행. 바로 돌아갈 수도 없고, 가시방석이지만 우선 원형 테이블에 음료를 내려놓고 요리를 집어 먹고 있자니, 주변 사람들은 모두 초면인데도 적당한 거리감으로 대화를 잘만 즐기고 있다. 대화에 끼고 싶지만 어떻게 시작하면 좋을지 모르겠고, 계속 불편한 마음으로 시간을 보내고는 기진맥진, 성취감은 제로인 상태로 귀가했다……"

예전 한 버라이어티 프로그램의 '낯가림' 편에서 예능 콤비인 '오드리(일본 예능인 콤비, 카스가 도시아키春日俊彰와 와카바야시 마사야스若林正恭가 멤버이다―옮긴이)'의 와카바야시 마사야스가 '분장실처럼 사람이 많은 상황에서는 음료수 병 뒷면의 내용을 종일 읽고 있다'라고 낯을 가리는 자신의 에피소드를 밝힌 적이 있다. 배우인 나카이 기이치中井貴一도 어릴 적에는 낯가림이 심했다는 사실을 공식적으로 밝혔는데, 사실 세상 사람들은 모두 낯가림쟁이일지도 모른다. 다만 그것을 화제로 삼아 웃음으로 승화하거나, 극복하여 어떤 테크닉으로든 낯가림이 커뮤니케이션의 걸림돌이 되지 않도록 노력하는 사람이 많을 뿐이다.

낯가림이 있는 사람은 종종 상대방과 눈 맞추기를 어려워한다. '일부러 아이 콘택트를 늘리면 대화에 참가하는 정도가 높아진다'라는 사실이 퀸스대학교 연구팀이 진행한 실험을 통해 검증되었다.

세 명의 피험자에게 컴퓨터를 통해 채팅처럼 그룹 회화를 진행하게 한 뒤 회화에 참여한 정도를 비교했다. 사실 한 명 외두 명의 참가자는 분위기를 유도하는 바람잡이였다. 그 결과, 이야기할 때 상대방과 적당히 아이 콘택트를 한 피험자는 별로 하지 않은 피험자보다 대화에 참여한 정도가 22퍼센트나 높았다. 즉, 아이 콘택트를 하면서 대화하면 상대방이 더 많이 이야기하게 된다는 뜻이다.

또한 커뮤니케이션 분석을 전문으로 하는 기업인 퀀티파이임프레션즈Quantified Impressions에 따르면 사람이 대화할 때 아이 콘택트를 하는 시간은 총 대화 시간의 30~60퍼센트 정도이지만, 아이 콘택트 시간이 60~70퍼센트가 되면 심리적인 연결감을 더 깊이 느낄 수 있다고 한다. 아이 콘택트에 의해 자연스럽게 대화가 늘고 분위기도 익숙해지면 낯가림이 심한 당신도 편하게 이야기를 털어놓으며 대화할 수 있게 된다.

어제와 똑같은 내가 싫어서 심리학을 공부하기 시작했습니다

그 외에도 자기소개 등을 하는 자리에서 "저는 낯가림이 심하지만, 여러분과 잘 지내고 싶어요"라고 미리 밝히는 방법도 유용한 수단이다. 이는 '셀프 핸디캡핑self-handicapping'이라는 방법으로, 자기 스스로 예방선을 그어 마음을 안정시키는 테크닉이다. '나는 먹는 양이 적으니까' '나는 시간을 잘 못 지켜서' 등을 고백해버리면 상대도 어쩔 수 없는 것으로 생각할 수 있지만, 이것은 자신에게도 한계를 만들어버리니, 진짜 어쩔 수 없을 때 긴급 처방으로만 사용하는 편이 좋다.

낯가림이 심해 말을 하고 싶어도 못 한다는 사람은 우선 아이 콘택트를 늘리는 것에서 시작해보자. '눈은 입만큼이나 많은 이야기를 담고 있다'라는 말처럼, 눈으로 말을 걸면 상대와 대화하고 싶다, 친해지고 싶다는 마음을 전달하기 쉽다.

또한 뇌는 몸의 움직임에 속는 특징이 있기 때문에 '아이 콘택트를 하며 대화를 한다'라는 프로토콜을 내면의 룰로 정해두면, 어느덧 눈을 보며 대화에 참여하는 일이 겁나지 않고 당연한 일로 느끼게 될 것이다.

조금 전까지 혼자 숙독하던 음료수 병 뒷면의 화제든 뭐든 좋으니 자신이 먼저 대화에 참여하는 경험을 쌓아나가자.

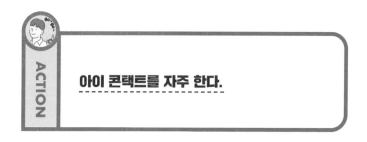

ACTION

아이 콘택트를 자주 한다.

어제와 똑같은 내가 싫어서 심리학을 공부하기 시작했습니다

29

말주변이 없다

#대화가_이어지지_않는다 #묵언 #횡설수설

"팀 회식 자리, 상사는 물론 옆자리 사람들과 맞은편 사람 등 가깝게 앉은 사람들과의 대화 분위기가 무르익지 않는달까, 이어지지 않는다. 그러다 어느새 모두가 자신을 피하는 것 같고 끼리끼리 모여 이야기 나누는 모습을 보니 '뭐야 나 모세가 된 것 같잖아'라며 자학 섞인 투정을 하지 않고는 못 견디겠다. 게다가 나는 거들떠보지도 않은 채 자기들끼리 신나서 떠드는 모습을 보고 있자니 힘이 빠진다…… 뭔가 엄청 쓸쓸한 기분이다."

　　　　　　　　　　　　　　　　　　초밥집의 셰프나 전통 공예 장인 등
과묵함이 매력인 업종에서 일하는 사람이라면 괜찮지만, 영업
직에 종사하는 사람이 말주변이 없다면 조금 힘들지도 모른다.
회식 자리에서 분위기 띄우는 게 어렵다 느꼈던 경험이나, 면
접이나 회의 등에서 말을 잘하지 못하는 상황이 이어지면 점
점 말하는 일이 어렵게 느껴진다.

　그럴 때는 계절이나 날씨 등 부담 없는 화제로 시작해 점점
이야기를 넓혀나가거나 출신지나 취미, 애완동물 이야기 등
'나만의 이야깃거리'를 준비해두는 것도 추천할 만한 방법이
다. 예를 들면 '집이 광교라서 출퇴근 시간이 좀 오래 걸려요'
'본가는 춘천이에요' '최근에 유기견을 입양했어요' 등 대화를
넓힐 수 있는 화제가 있다면 이야기해보자. '광교라면 새로 들

어선 건물이 많아서 트렌디한 맛집들도 많겠어요' '춘천 하면 남이섬이죠, 춘천 닭갈비 정말 좋아해요!' '유기견은 어떻게 입양하는 거예요?'처럼 누군가가 반응해주면 그때부터 대화가 이어지는 일이 많기 때문이다. 성이나 이름에 대해 질문을 주고받는 것도 괜찮다. 성의 유래나 이름에 담긴 의미를 묻고 듣다 보면 의외로 이야기가 잘 이어진다.

그래도 대화에 불이 붙지 않는다면 <u>오히려 철저하게 듣는 역할에 충실해보자. 줄곧 끄덕거리며 상대가 이야기를 이어가도록 대화 분위기를 이끄는 것도 좋다.</u>

도쿄대학교의 가와나川名 교수팀의 연구에 따르면 대화 중에 맞장구를 치거나 고개를 끄덕이는 정도만으로도 매력이 증가한다고 한다. 실험에서는 피험자인 대학생 40명을 대상으로 '자작한 이야기를 하는 화자 역할'과 '그 이야기를 듣는 청자 역할'을 각각 맡도록 했다. 이때, 화자는 두 명의 다른 청자에게 같은 이야기를 동일한 텐션으로 이야기했다. 청자는 '맞장구치기와 고개 끄덕이기 등을 섞어가며 화자의 이야기를 듣는 사람'과 '맞장구치기와 고개 끄덕이기를 하지 않고 이야기를 듣는 사람'으로 나누었다. 그 결과는 다음과 같다.

① 화자: 맞장구치기와 고개 끄덕이기를 하는 청자 쪽을 반
　응이 없는 청자보다 호의적으로 평가했다.
② 청자: 자신이 맞장구를 치거나 고개를 끄덕이며 이야기를
　들은 화자를, 반응 없이 들은 화자보다 호의적으로 평가
　했다.

그렇다, 대화 중에 작은 호응이 있는 것만으로도 말하는 사
람과 듣는 사람 모두 호의적으로 느낀다는 사실을 확인할 수
있다.

나는 많은 사람 앞에서 이야기할 때, "고개를 끄덕거려주세
요"라고 강조해서 주문한다. 듣고 있는 사람들이 끄덕이는 것
을 보면 이야기하기 편하기 때문이다. 그뿐 아니라 회의 등에
서 본인 외의 누군가가 말할 때는 반드시 성의 있는 반응을 보
이려고 한다. '말을 잘하는 사람이 듣기도 잘한다'라는 속담도
있듯이, 스스로 언변이 서툴다고 생각한다면 우선 잘 듣는 것
즉 '경청'을 목표로 하자.

경청을 위해서는 다음의 세 가지 요소가 중요하다.

첫 번째 요소는 '맞장구'이다. "응" "흠" "아—" "네" 등의 짧은 반응이다.

두 번째 요소는 '추임새'이다. "와, 역시" "그래요?" "좋았겠다" 등의 짧은 감상이나 감정을 표현하는 말이다.

그리고 마지막 요소는 '애정'이다. 호의적인 태도로 상대방의 이야기를 열심히 듣는다. 호의적으로 대하면 반보성의 원리에 따라 상대도 나에게 호의적으로 대한다.

잘 듣는 경험을 쌓으면 언젠가 말을 잘하는 사람의 화법이나 분위기를 띄우는 법에 익숙해져서 토크 스킬도 좋아질 것이다.

ACTION

맞장구를 치며 경청하는 역할에 충실할 것.

나만의 이야깃거리 준비도 잊지 말기!

30

친구가 적다

#외톨이 #혼자_놀기 #비사교적

episode

"SNS에서 팔로우하는 사람이 친구들과 바비큐 파티하는 사진을 올렸다. '인스타용 설정 사진 같은 거 관심 없거든!'이라고 생각하면서도 조금 부러운 마음은 부정할 수 없다. 바비큐 파티를 해본 게 몇 년 전이더라? 최근에는 혼술도 하지만, 혼자 바비큐는 조금 그런가…… 이런 생각을 하다가, 휴일에 바비큐 파티를 하자고 불러낼 친구도 없다는 사실을 깨달았다."

■■■■■ 나 혼자 삼겹살, 나 혼자 캠핑 등, 예전 같으면 친구들과 떠들썩하게 즐길 일들을 '혼자' 해도 얼마든지 가능한, 혼자 해도 이상하지 않은 시대가 된 지 오래이다. 그런데 1년 내내 붙어 있진 않더라도, 아주 잠깐이나마 혼자는 쓸쓸하다고 느껴본 사람은 꽤 많지 않을까? 예를 들어 1박을 해야 하는 야외 페스티벌이나 비어 파티, 디저트 뷔페 등은 혼자가 아니라 누군가와 함께 가야 더 즐거울 것 같다.

그런데 '친구가 많다'고 하면 몇 명 정도를 생각하는가? 최근에는 실제로 만난 적이 없어도 SNS 등에서 친구가 될 수도 있고, 실제로 그 세계 안에서 친구 수가 1천 명 이상인 사람도 흔하다.

옥스퍼드대학교의 던바Dunbar R. 교수는 인류학의 입장에서 대뇌신피질의 사이즈를 기준으로 인간을 다른 영장류와 비교하여 '인간이 사회적 관계를 유지할 수 있는 사람 수는 약 148명'이라고 주장한다. 이것은 인간의 뇌가 받아들일 수 있는 한계치를 기준으로 한 친구의 수이다. 그리고 친구는 아래와 같이 몇 개의 층으로 나눌 수 있고, '3~5명의 층은 살아가기 위해 필요한 최소한의 친구 수'라고 정의하고 있다.

- 가장 친한 친구: 3~5명
- 다음으로 친한 친구: 15명
- 그다음으로 친한 친구: 50명

3~5명의 가장 친한 친구와 우정을 쌓으며 교류하면 외로움과 고독감을 멀리할 수 있다고 한다. 친구가 있고 없음이 한 개인의 행복도나 건강수명에도 영향을 준다는 말까지 있다.

친구를 만들고 싶다면 자신이 먼저 용기를 갖고 적극적으로 움직여 다른 사람과의 관계를 늘려가자. 인간 관계를 거부하면 교우 범위를 넓힐 방법이 없다. 그리고 친해지고 싶은 사람이 생기면 사적인 이야기를 먼저 하기를 권한다. '자기 노출'이라

어제와 똑같은 내가 싫어서 심리학을 공부하기 시작했습니다

고 하는 이 원리는 서로의 거리를 좁히는 데 유효하다. 자기 노출을 하면 그 이야기를 듣는 상대도 자기를 노출하게 되는 '자기 노출의 반보성'이라는 원리가 있기 때문이다. 이는 플로리다대학교의 주라드Jourard S. M. 교수가 제창한 심리학의 유명한 이론 중 하나이다.

마음의 경계선 안쪽을 속속들이 드러내 상대가 깊이 밟고 들어오게 함으로써 상대방 마음의 경계가 허물어져 마음의 거리가 좁혀지는 원리이다.

자기 노출의 반보성만이 경계선을 해제하는 방법은 아니다. 말로 마음의 경계선을 움직이고 거리감을 조정할 수 있다는 사회언어학 이론도 있다. 말하는 도중에 말투나 언어를 바꾸는 '코드 스위칭Code-Switching' 이론이다.

코드 스위칭 이론에 따르면 한 문장 안에서도 '우리WE' 코드와 '그들THEY' 코드를 자유로이 사용하며 말투를 바꿀 수 있는데, '우리' 코드란 간단히 말해 친한 사람에게 사용하는 '안쪽 언어'이고, '그들' 코드란 경계선 바깥에 있는 사람에게 쓰는 격식을 차린 '바깥 언어'이다. 예를 들어, 초면인 상대가 같은 고향 사람이라는 사실을 알게 된 순간 함께 사투리를 쓰며 왁자지껄해지거나 같은 나이라는 것을 알게 되면 반말을 쓰며 편하게 지내는 등의 상황을 떠올릴 수 있다. 이렇게 코드 스위칭을 하며 말의 거리감이 달라진 경험은 누구나 한 번쯤 있을 것이다. 또는 아이들끼리 싸우면 그때까지 자기들끼리 쓰던 반말을 더는 안 쓰고 '안 했어요!'같이 갑자기 바깥말인 존댓말로 바꾸는 장면을 목격한 적도 있을 수 있다. 이것은 무의식적으로 말로 거리를 두는 알기 쉬운 예이다.

친해지고 싶은 상대에게는 우선 자신을 노출하고, 상대의 마음속으로 풍덩 들어가야 한다. 다만, 이때 무겁고 어두운 이야기나 자랑 또는 자학은 금물이다. 노출하는 내용에 따라서는 상대를 질겁하게 만들어 오히려 거리를 두게 될 수도 있다.

더불어, 친구를 갖고 싶다는 '내심'을 갖고 사람을 대하는 것은 별로 추천하지 않는다. 사람은 속내를 갖고 접근하는 사람에게 경계심을 보인다. 그뿐만 아니라 그런 자세로 교류하면 대등한 관계의 교제가 이루어지지 않을 가능성이 크다.

'내심'이 아닌 '진심'으로 타인에게 상냥하게 대하면 사람이 자연스럽게 모인다. 타인에게 친절하다, 호의의 반보성, 인정

은 남을 위한 것이 아니라 나를 위한 것으로, 돌고 돌아 나에게
온다.

ACTION

먼저 사적인 이야기를 꺼낸다.

'우리WE'의 말을 사용해본다.

31

쉽게 긴장한다

#울렁증 #소심쟁이 #압박에_약하다

episode

"마음을 놓을 수 있는 친구들과 있을 때는 괜찮지만 회의나 프레젠테이션, 자기소개 등을 할 때면 긴장해서 평소 자신을 보여주지 못하며 하고 싶은 말을 잘 전달하지 못한다. 스트레스를 받아 배탈이 나거나 땀이 비 오듯 흐르는 등 몸 상태에까지 영향을 미치는 일도 있다."

이렇게 압박감에 스트레스를 받는 다면, 성격을 바꾸어야 살아가기 편하다. 경험을 쌓으며 실전에 익숙해지는 것도 한 방법이지만, 지금 바로 가볍게 실천해 볼 만한 테크닉도 있다.

하버드대학교의 브룩스Brooks A. W. 교수가 진행한 실험에서는 3백 명의 피험자를 몇 개의 그룹으로 나누어 '채점 노래방' '사람들 앞에서 2분 이상 스피치' '수학 테스트' 등을 실시하게 했다. 그리고 각 과제를 수행하며 '나는 불안하다' '나는 흥분했다' '나는 침착한 상태다' '나는 화가 났다' '나는 슬프다'를 목소리를 내어 말하게 했다. 그러자 '나는 흥분했다'고 말한 그룹은 노래방에서 정확성이 높아졌다. 스피치에서는 설득력, 능력, 자신감, 지속성 등이 높아지고 스피치 길이도 길어진 것으로 평가되었다. 그리고 수학 테스트에서도 가장 좋은 성적을 기록했다.

이것은 '감정의 해석을 바꾸어 마이너스인 감정 요소를 줄인다'는 '재평가reappraisal 효과'이다. 뇌는 불안과 흥분을 같은 것으로 인식한다. 긴장이 최고조에 달했을 때 '흥분된다, 신이 난다'라고 소리내어 말하면 뇌를 속일 수 있다.

강한 긴장을 느껴 심장이 격하게 두근거릴 때, 긴장감을 제어하려고 "침착해!"라는 말하는 것은 좋지 않다. 오히려 긴장감이 더 배가되어 역효과를 일으킨다고 브룩스 연구팀은 밝혔다.

재평가 효과를 잘 사용할 수 있게 되면 감정을 조절하기 쉬워지고, 긴장이나 불안감을 즐길 수 있게 된다. 억지로 "침착하자, 침착해"라고 세뇌하기보다 즐거운 흥분 상태를 만들어 실전에 임해보자.

ACTION

**"신난다!"라고 입 밖으로
소리 내어 말해본다.**

어제와 똑같은 내가 싫어서 심리학을 공부하기 시작했습니다

　　　　　　　　　　　　　　　다양한 유형의 사람이 있다. 늘 충
만한 에너지로 꽉 차 파워풀한 사람도 매력적이지만, 조용하
고 차분한 사람도 멋지고 매력적이다. 다만, 자신은 문제없는
데 주변 사람에게 힘이 없어 보이거나 활기가 없는 사람으로
보인다면, 비즈니스 상황은 물론 사적인 교류에서도 손해 보는
일이 많을 수 있다. 초면인 상대에게 긍정적인 인상을 주지 못
하거나 수완 좋은 상대에게 휘둘리거나 상대가 얕잡아볼 수도
있다. 내면이 건강하다면 겉으로도 건강하게 보이는 편이 이득
이고 살아가기도 편하다.

　여기서 주목할 것이 '목소리'이다. 목소리에는 리듬, 음조(고
저), 세기, 억양, 음량, 발성법 등 표현을 위한 다양한 요소가 있
어 인상 형성에 매우 큰 역할을 한다. 우리는 상대의 화법을 통

해 그 사람의 인격 등 꽤 많은 정보를 추측한다. 하버드대학교의 알포트Allport G. W.와 캔트릴Cantrill H. 연구팀은 목소리로 말하는 사람의 인격을 어느 정도까지 읽어낼지 다양한 실험을 통해 검증했다.

피험자에게 말하는 이의 목소리만으로 연령, 신장, 피부색, 사진상 용모, 실제 용모, 글씨체 등의 신체적·표현적 특징과 직업, 정치 성향, 외향성(외향적인지 내향적인지), 지배성(지배형인지 복종형인지), 주된 특징 등을 판단하게 했다. 결과적으로 연령, 신장, 사진상 용모, 외향성, 지배성 등을 거의 정확하게 읽어냈다. 직업에 관해서는 특정 직업을 가진 사람들이 공통적으로 보이는 화법을 구사하는 사람이라고 듣는 사람이 판단했을 경우 대부분 맞게 예측했다. 또한 자유 기술한 주관식 답변에서는 '기분파' '신경질' '꼼꼼' '우아' 등의 특징에 대해 무려 91퍼센트가 정확하게 판단했다. 목소리가 크고, 건강하고, 걱정이 없는 말투를 가진 사람에 관해서는 외향적이라고 판단한 피험자가 많았는데, 이는 실제 성격과 놀라울 정도로 정확하게 일치했다.

즉, 목소리를 내는 방식, 말투에 따라 인상을 꽤 정확하게 예측할 수 있다는 것이다. 반대로 발성법, 발화법에 대해 고민하여 다른 사람에게 보여지는 내 모습도 컨트롤할 수 있다는 사실을 알려준다.

사토 마사키佐藤正樹라는 친구는 일찍이 극단 '사계'에 속한 주연급 배우이다. 사토는 사람의 마음을 움직이는 자기 표현법과 발성법을 가르치는 일도 하고 있는데, 단전에서부터 소리를 내어 말하는 것이 중요하다고 늘 강조한다. 단전이란 배꼽에서 아래로 주먹 하나 정도 떨어진 주변 부위를 가리킨다. 그는 극단 사계에서 '머리로 생각하여 목으로 소리를 내는 것은 학예회 레벨이다. 감정을 담되 색을 입힌 소리를 내는 것은 아마추어의 연극이다. 마음과 기분, 정신을 모아 단전에서 소리를 내어 말하는 것이 프로의 일하는 방식이다'라고 배웠다고 한다. 확실히 사토의 화법이나 연기를 보고 있으면 쑥 빨려 들어가며 닭살이 돋기도 한다.

프로 중에는 기운을 북돋우고 집중해야 할 때 단전호흡을 추천하는 사람이 많다. 용기가 필요한 상황이나 각오를 다져야 하는 순간에는 아랫배에 힘을 주고 정신을 모아 몰입한다.

힘이 없다는 말을 자주 듣는 사람이라면 꼭 한번 복근과 등 근육에 힘을 실어 단전에서부터 소리를 내도록 해보자. 아침에 사무실에 들어갈 때는 사람이 있든 없든 큰 소리로 "안녕하세요!"라고 인사하며 자리에 앉고, 퇴근할 때는 "먼저 들어가보겠습니다" "수고하셨습니다"라고 모두에게 말을 걸어보자. 이 행동만으로도 인상이 달라질 것이다.

두 번째 주제인 '자신감 결여' 챕터에서 소개한 대로, 웃는 얼굴을 의식적으로 만들어보는 것도 의미가 있다. 인위적인 미소로 자신과 타인 모두를 속이는 사이, 정말로 에너지가 솟아난다. 한 발 더 나아가 레드나 오렌지 등의 옷이나 액세서리를 착용하여 다른 사람이 보기에도 건강한 느낌으로 무장해보는 것은 어떨까.

ACTION

단전에서부터 힘을 끌어올려 소리를 낸다.

33

타인의 시선을
지나치게 의식한다

#수동적 #겁쟁이 #소극적

episode

"상사와 함께한 거래처 출장. 예상한 방향으로 일이 진행되던 중 문득 준비한 자료에 없는 아이디어가 떠올랐다. 하지만 여기서 말을 꺼내면 분위기가 애매해지거나 무시당할까 하는 마음에 입도 떼지 못한다. 휴일에 새 옷을 사러 편집숍에 갔는데 '저렇게 특징 없는 사람이 우리 매장 옷을 사다니'라고 생각할까 봐, 결국 매장 안을 훑어보기만 하고 집으로 돌아왔다."

자신의 발언이 어떻게 생각될지, 행동이 어떻게 비칠지…… 동양인 중에는 다른 사람의 눈이 신경 쓰여 행동을 옮기지 못하는 '소극적인 사람'이 특히 많다. 이렇게 겁쟁이에 소극적인 사람은 아마 '아무도 당신을 그렇게 보지 않고, 신경 쓰지도 않으니 하고 싶은 대로 하면 돼'라는 말을 오랫동안 들어왔을지 모른다. 실제로 나도 그렇게 생각하지만, 단순히 그렇게 생각할 수 있다면 아무도 마음고생을 하지 않을 것이다.

다른 사람의 눈이 신경 쓰여 행동하기 어렵다. 그 원천에 있는 것은 '수치심'이다. 심리학 교재 중 일본 도요대학교의 나가후사 노리유키永房典之 교수가 집필한《수치심 척도恥意識尺度》

라는 책이 있다. 이 책은 '타자의 눈'을 의식할 때 느끼는 부끄러움과 '자기 자신이 스스로를 어떻게 생각하는지'에 따라 동반되는 부끄러움에 관한 내용으로 구성되었다. 초등학생, 중학생, 고등학생, 대학생을 대상으로 실험을 실시한 결과, 일본의 젊은이(고등학생과 대학생)들의 '부끄러움'에는 다음과 같은 네 가지 요인이 작용함을 확인했다.

① 자기 내성: '자기 자신이 옳다고 느끼지 못한다'같이 자신이 이상적인 규범에서 벗어났다고 인지하여 발생하는 부끄러움.

② 비동조성: '친구들과의 화제에 따라가기 어렵다' 등 주위 사람과 다르다는 동조 규범에서의 일탈인지로 생기는 부끄러움.

③ 사회규율 위반: '특별한 이유도 없는데 약속을 깬다' 등 나쁜 행동을 해서 한심하다는 사회 규율에서의 일탈인지로 생기는 부끄러움.

④ 시선 감지: '대중교통 이동 중이나 사내에서 스마트폰으로 통화를 하자 다른 사람의 시선이 느껴졌다' 등 TPO에 맞

어제와 똑같은 내가 싫어서 심리학을 공부하기 시작했습니다

는 행동에서 일탈한 것은 아닌가 하고 느끼는 부끄러움.

인간의 부끄러움은 불쾌감으로 이어진다. 인간의 방어기제는 불쾌감(부끄럽다는 기분)에 대처하려고 자신을 내놓지 않고 소극적으로 변해 자신을 지키려고 한다.

그렇다면, 왜 다른 사람의 시선으로부터 자신을 방어하고 싶어 하는가. 가나자와대학교의 후쿠이福井 교수에 따르면 '시선'은 애정이 되기도 하고, 공격이 되기도 하기 때문이다.

'지켜본다'는 의미의 '주시'와 날카로운 시선으로 응시하는 '노려보다'는 같은 '보다'라는 행동에는 차이가 없지만 의미나 인상이 완전히 다르다. 인간은 다른 사람이 나타나면 경계하는 본능이 있기 때문에, 다른 사람이 주시하든 노려보든 누군가가 나를 보고 있다고 느끼는 것만으로도 공포를 느끼는 인지 시스템이 작동한다. 즉, 시선에 신경을 쓰는 것은 단순히 생명 유지 시스템인 본능에 휘둘리고 있기 때문이다.

같은 시선이라도 '노려보고 있다'고 느낄지 '주시하고 있다'고 느낄지에 따라 마음의 안정감과 행동거지가 달라진다. 그렇다면 타인의 시선을 긍정적으로 받아들이기 위해서는 어떻게 해야 할까? 거두절미하고 얼굴이나 몸가짐을 반듯이 하여 몸과 정신을 방어하면 어떨까?

도시샤대학교의 요고余語 연구팀의 연구에 따르면 여성이 화장을 하면 외적인 매력이 높아지고 다른 사람들이 좋은 인상을 받으며, 사람과의 관계 맺음이 좋아지고 자기표현을 적극적으로 하게 된다고 한다. ①기초화장만을 한 그룹 ②평소 자신이 사용한 화장품을 사용한 그룹 ③전문가에게 메이크업을 받은 그룹으로 나누고, 그 심리상태를 조사했다. 그 결과 자기 스스로 화장하거나 전문가에게 메이크업을 받으면 불안이 감소하며 자신감이 생기고 목소리 톤까지 높아진 것으로 나타났다. 특히 전문가에게 메이크업을 받은 경우에는 긍정적인 기분을 더 많이 느꼈다.

또한 아오야마가쿠인대학교의 엔도遠藤 연구팀은 실험 전에는 55센티미터였던 피험자의 '퍼스널 스페이스(타인에게 침해받으면 불쾌감을 느끼는 공간)'가 평소보다 화려하게 화장을 하면 14.3센티미터, 자연스럽게 화장을 하면 5센티미터로 줄어들고, 피험자의 얼굴에 미소도 많아졌다고 한다. 화장을 하지 않으면 18.5센티미터나 넓어지는 것을 확인했다. 즉, 제대로 화장을 하면 대인 적극성이 상승한다고 해석할 수 있다. 특히 원래 내향적인 성격의 사람일수록 외향성이 현저하게 높아지는 효과가 있었다.

또한, 붓쿄대학교 히라마쓰_{平松} 연구팀의 연구 결과에서는 남성이 손톱 손질을 받으면 이완 효과를 얻고, 적극성 또한 좋아진다는 점을 언급했다. 즉, 외모를 스스로 생각하는 수준보다 좋게 보이는 것만으로도 자신감이 생기고, 다른 사람의 시선을 신경 쓰는 정도가 줄어들며 소극적인 성향이 줄어든다고 결론지을 수 있다.

단정한 몸가짐은 마음의 갑옷이다. 얼굴을 시작으로 외모를 단정히 하면 자신감을 얻을 수 있으며 주위 사람들이 호감을 가진다. 타인이 노려보는 것만 같은 부담의 소용돌이에서 완전히 벗어나, 열렬한 시선을 받는 것으로 호감도를 장착하면 더욱 자신감을 느낄 수 있다.

ACTION

몸가짐을 단정히 한다.

34

비위를 잘 맞춘다

#박쥐_근성 #눈치_보기 #자신의_의견이_없다

episode

"누구에게나 서글서글하여 모두가 좋아하는 선배를 따라 자신도 여러 사람의 의견에 '네네' '그렇죠!'를 연발한다. 온화한 분위기도 만들고 대화의 기술도 좋아지는 기분이다. 그런데 모두의 의견에 부정하지 않고 긍정만 하고 있자니 '네, 밖에 모르는 녀석' '자신 의견이 없는 박쥐'라는 험담이 돈다."

　　　　　　　　　　　　　　　　앞에 있는 사람에게 불쾌감을 주고
싶지 않고 기분 좋게 하고 싶다는 생각에서 상대의 의견에 맞
추는 사람은 공감성이 높고 친절한 사람이라고 생각한다. 그런
데 '박쥐' '회색분자' 등으로 비난 받는 경우도 있다. 왜일까?

　예를 들어 "점심은 중국 음식으로 할까?"라고 누군가가 물었
을 때 "좋네요! 마침 덴신돈(중국식 오믈렛인 푸용단을 얹어 먹는
계란덮밥, 일본풍 중화요리—옮긴이)이 먹고 싶던 참이에요"라고
답한다. 가볍게 맞춰주는 상황이면서 중국요리에 찬성하고, 덴
신돈이 먹고 싶다는 자신의 의견도 피력했으니, 중국요리를 제
안한 상대방 기분도 좋을 터이다. 한편, 의견 충돌이 있는 사람
들(예를 들어 각각 대립 관계에 있는 상사 등)에게 무슨 말을 듣든
상대의 기색을 살피며 "그렇게 생각합니다" 하는 것은 좋지 않

다. 박쥐에 자기중심이 없는 사람으로 보이게 된다. 같은 박쥐여도 전자는 좋은 처세, 후자는 나쁜 박쥐로 여겨진다.

그 차이는 자신의 의견을 말하느냐, 말하지 않느냐에 있다. 자신의 의견이 있되 동조하는 것이라면 신용할 수 있지만, 뭐든 생각 없이 동조만 하는 사람은 신용할 수 없다. 상대의 기색만 살피며 발언에 일관성이 없는 등 나쁜 이미지의 박쥐는 '자신의 의견을 말할 수 없는 사람'일 뿐이다. 의견이 없는 것은 아니나 자신감이 없어 말하지 못한다, 혹은 근본적으로 본인에게 자신감이 없다, 의견을 가져도 된다고 생각하지 못했다……등의 상황도 있을 법하다. 우선은 자기 스스로 자신감을 느끼기=자존감을 높이는 일이 중요하다.

요컨대 이 문제의 해결을 위해서는 '신용'과 '자신감'이 필요하다. 이 두 요소를 동시에 끌어올리는 물질이 '행복 호르몬'으로 알려진 '옥시토신'이다. 옥시토신은 혈압이나 심박수를 안정시키는 등 건강 측면에서 효과를 얻을 수 있는 점 외에도, 행복감을 느끼거나 스트레스를 완화해주는 치유의 효과가 있다. 고독감을 줄여주고 자존감도 높여준다. '자신은 소중하고, 존중받아야 하는 존재'라는 의식을 키워준다.

취리히대학교의 코스펠드Kosfeld M. 연구진이 권위 있는 과학 잡지인 《네이처Nature》에 게재한 연구논문을 살펴보자. 스물아홉 명의 피험자에게 실제로 돈을 벌 수 있는 게임을 하게 했다. 피험자에게 다른 사람에게 돈을 맡겨 늘리는 이른바 '신탁' 투자자 역할을 맡겼다. 그 돈을 맡긴 상대가 실패하거나 배신하면 당연히 돈을 잃게 될 가능성이 있다. 이 리스크를 무릅쓰는 용기나 자신의 선택에 관한 자신감 그리고 상대에 관한 신용과 옥시토신의 관계를 확인하는 것이 이 실험의 목적이었다.

피험자 스물아홉 명 중, 절반이 조금 안 되는 열세 명에게는 코로 옥시토신을 주입했고, 나머지는 옥시토신 없이 플라시보 효과만 주었다. 게임 결과, 옥시토신을 주입한 그룹은 플라시보 효과만 준 그룹보다 더 위험한 선택을 선호했고, 상대에 대한 신용도 최대치를 보였다.

그렇다면 옥시토신을 늘리기 위해서는 어떻게 해야 할까? 남캘리포니아대학교 라이트Light B. 연구팀은 연인과 포옹하는 빈도가 많아질수록 옥시토신이 증가한다고 발표했다. 마찬가지로 브리검영대학교의 홀트 룬스터드Julianne Holt-Lunstad 연구진의 연구에서도 부부간 스킨십을 늘리면 옥시토신이 증가하는 현상이 확인되었다.

연인이 없어도 걱정할 필요는 없다. 국제전기통신 기초기술 연구소ATR의 스미오카スミオカ 연구팀에 의하면, 모르는 사람과 전화로 대화할 때도 예를 들어 죽부인같이 안고 있을 수 있는 물건을 껴안고 이야기하면 스트레스가 강할 때 분비되는 호르몬인 '코르티솔'의 수치가 저하되고, 옥시토신이 증가한다고 확인했다.

또 이런 효과도 있다. 카네기멜런대학교의 코헨Cohen S. 연구팀에서는 406명의 건강한 성인에게 각각 2주간에 걸쳐 매일의 활동 내용이나 포옹 여부, 인간관계의 트러블이 있었는지 등을 조사했다. 그리고 감기 바이러스에 인위적으로 노출해 병에 관한 내성을 살펴보았다. 그러자 인간관계의 트러블 유무는 병에 걸릴 리스크와 관계가 없었지만, 포옹을 한 사람은 병에 걸릴 위험도가 낮아졌다는 결과가 나왔다. 추가로 피험자들이 그 후 4주 안에 감기 증상을 보이는지 조사했다. 그러자 빈번하게 포옹을 하여 옥시토신 레벨이 높은 피험자들은 중증으로 번지지 않았다.

본론으로 돌아가서, 박쥐 같은 자신을 발견했다면 상대를 기쁘게 해주고 싶다는 기분은 넣어두고, 자신의 중심을 명확히 하여 자신감을 가지고 본인의 의견을 말하도록 하자.

그러기 위해 강아지나 고양이 같은 동물 가족이나 연인과 자주 포옹하여 옥시토신의 분비를 늘려 자존감을 높여보자. 포옹할 대상이 없다면 죽부인같이 끌어안을 수 있는 베개나 인형도 좋다. 또는 자신을 안아주는 '셀프 허그(또는 '에어 허그'라고도 부른다)'는 어떨까. 밀라노 비코카대학교 연구팀의 연구에 의하면 셀프 허그를 하고 심호흡을 하면 뇌가 타인에게 포옹받은 것으로 착각하여 통증을 완화시키기도 한다고 검증했다. 유감스럽게도 셀프 허그가 옥시토신의 분비를 촉진한다는 가설 검증을 위한 연구는 아직 시행되지 않은 듯하나, 정황증거상 상당히 기대되는 효과이다. 셀프 허그라면 쉽게 가능하니 꼭 한번 시도해보자!

ACTION

사람과 허그, 물건과 허그,
자신과 허그, 어쨌든 허그!

35

센스가 없다

#배려심_부족 #자기중심

episode

"오늘은 사내 월간 점심 교류회 날. 사장도 같은 그룹에 속해 있어서, 자기 홍보 찬스라고 생각하고 이탈리안 레스토랑으로 장소를 결정했다. 요리 하나당 양이 많아서 나눠 먹기로 하고, 사장이 친히 앞 접시에 나눠준 요리를 먹으며 자신의 업무에 대해 열심히 이야기했다. 그런데 회사로 돌아오는 길에 선배 사원이 '자기만 생각하고 눈치가 너무 없어'라고 핀잔을 준다. 상황을 돌아보며 자기혐오에 빠져 보낸 오후."

식사 자리에서의 '요리 배분 문제'에 관해 '먹을 사람이 각자 하면 되지'라고 생각하는 의견도 많지만, 점심시간처럼 시간이 한정된 경우라면 한사람이 후다닥 나눠서 먹는 편이 효율적이다. 회식 자리에서 상사 잔이 비었는데 알아차리지 못한다거나, 문을 여닫을 때 뒤에 사람이 계속 들어오고 있는데 무신경하게 닫아버린다거나, 회의자료를 클립으로 정리해서 묶지 않고 낱장으로 배포하는 등 아주 작은 배려를 놓치는 것만으로도 '센스 없는 녀석'이라는 말을 듣게 되니, 좀 억울할 일이다.

센스가 있다고 평가받는 사람들을 보면, 커다란 짐 때문에 힘들어하는 사람이 있으면 말을 걸어 도와주거나 자신이 문을 닫을 타이밍에 누군가가 오면 문을 잡아주는 등 상대방에게 필요한 것을 바로 제공할 줄 아는 사람이 대부분이다. 센스 있는 행동이란, 상대방의 입장에서 생각할 줄 알고 상대에게 공감해야 가능한 행동이다. 실제로 취리히대학교의 하인Hein G. 교수의 연구에서는 곤란에 처한 타인을 도울 때 뇌의 공감과 관련된 부위가 활성화되는 현상을 확인했다. 반면 센스 없는 사람은 공감 능력이 낮은 사람이라고 말할 수 있다.

삿포로대학교의 하시모토橋本 연구팀은 다른 사람에게 친절을 베풀어 긍정적인 감정이 증가하면 행복 호르몬인 옥시토신이 증가하거나, 스트레스를 받을 때 증가하는 코르티솔이 감소하는 현상을 검증했다. 공감력을 높여 의식적으로 다른 사람을 위한 행동을 하면 자기 자신도 행복해지고 스트레스 해소 효과도 얻을 수 있다.

그럼, 어떻게 하면 공감력을 높이고 타인에게 친절할 수 있을까? 소설을 읽으면 공감력을 높일 수 있다는 사실이 뉴욕 뉴스쿨대학교의 키드Kidd D. C.와 카스타노Castano E. 연구팀의 연구를 통해 밝혀졌다. 실험에서는 피험자를 네 개의 그룹으로 나누어 세 그룹에게는 각각 ① 대중소설 ②(순)문학작품 ③논픽

션을 나누어주고 몇 분간 읽게 했다. 그리고 ④번 그룹에게는 아무것도 읽지 않게 했다. 그 후 다른 사람의 생각이나 감정을 상상하거나 이해하는 능력을 측정하는 심리이론 테스트를 했다. 그 결과 ②번 문학작품을 읽은 그룹이 가장 높은 점수를 얻었을 뿐 아니라, 문학작품을 싫어하는 피험자에게도 좋은 영향을 주었다.

문학작품은 등장인물의 상황이나 심리적 배경이 구체적으로 묘사된 작품이 대부분이다. 작품을 읽으면 감정이 이입되어 타인의 인생을 공감하거나 이해하는 방향으로 이어진다.

자신이 센스가 없다고 자각했다면, 주변을 잘 살펴 다른 사람에게 의식적으로 친절한 행동을 하며 문학작품인 소설을 읽는 것을 추천한다. 출퇴근길을 독서 시간으로 활용하는 것도 좋은 방법이다. 늙은 어부가 소년과 함께 바다로 나가 커다란 청새치를 낚고 상어와 싸워가며 기항하는 이야기도 좋고, 진정한 자신을 밖으로 내보이지 않고 사람 앞에서는 괴짜처럼 행동하는 남자의 인생 이야기도, 영국 시골 마을에 사는 한 여성의 결혼을 재미있게 그린 이야기도 좋다.

다양한 곤란과 직면하며 성장하거나 변화해가는 주인공의 상황에 다가가면 가까운 사람들에 대한 공감력이 높아져, 자신도 모르는 사이 센스 있는 사람으로 성장할 수 있다.

ACTION

문학작품을 감정 이입하며 읽는다.

의식적으로 타인에게 친절하게 대할 것!

어제와 똑같은 내가 싫어서 심리학을 공부하기 시작했습니다

_____ **36**

관찰력이 없다

#둔감 #이해력_부족 #감이_없다

episode

"폭염이 이어지는 어느 날 오후, 땀범벅이 되어 거래처 담당자가 방문했다. 선배 사원과 응접실로 향하던 중 '시원한 물이 있던가?'라고 선배가 물어 '아니, 없어요'라고 솔직하게 대답했고 그대로 회의가 시작되었다. 얼마 지나지 않아 부장이 차가운 음료수를 사람 수에 맞춰 사 들고 등장. 머쓱하다."

예를 들어 '춥다'라는 말. 밖에서 걷고 있을 때 친구가 "춥다"라고 한다면, 그것은 단지 상황 설명에 불과하므로 "그렇다" "진짜 춥네" 등으로 반응하면 될 일이다. 하지만 만약에 회사에서 회의 중에 선배가 "이 방 좀 춥다"라는 말을 한다면 '춥다'라는 말에 따라 에어컨 온도를 높이는 행동이 필요할 수 있다.

우리가 어떤 발언을 할 때는 대부분 그 발언 외의 행위도 동반된다. 예를 들어 '미안합니다'라는 말은 사죄의 행위를 동반한다. '나는 학생이다'라는 말은 보통 자기소개나 설명 등의 행위를 동반한다. 이렇듯 발언에 의해 실현되는 행위를 '언어 행위'나 '발화 행위'라고 한다. 철학자인 존 오스틴Austin J. L.이 제창한 '언어행위 이론'이다.

앞서 소개한 사례로 돌아가 선배가 "시원한 물 있던가?"라고 했다면, 이 발언은 '시원한 물을 준비해달라'라는 의뢰의 의미가 포함된 말이다. 때로는 사람이 내뱉는 말에 언어로 드러나지 않는 부분인 함의가 숨겨져 있다는 점을 이해하자.

관찰력이 없다고 자각한 사람은 지금 들은 말이 어떤 행위로 이어질지 말 이외의 의미(행위)를 파악하는 연습이 필요하다. 말 이외의 의미를 이해하지 못하면 '관찰력 없는 사람'으로 평가받을 수 있고, 자신이 내뱉은 말이 생각지도 못한 방향으로 왜곡되어 괴롭힘으로 이어질 가능성도 있기 때문이다.

예를 들어 팀 동료인 여성 A가 여성 B에게 "어쩜 이렇게 날씬해요"라고 칭찬한다. 같은 팀 동료인 남성 C도 평소에 그렇게 생각하고 있었기에 "진짜 날씬하세요"라고 칭찬한다. 이렇게 별생각 없이 가볍게 내뱉은 말이 어쩌면 여성 B 입장에서는 성희롱이라고 느낄 수 있다. 마찬가지로 "댁의 따님, 예쁘네요"라고 상대방 가족에 관해 칭찬하는 것도 만약 반사회 세력인 사람에게서 들었다면, 듣는 사람 입장에서는 가족의 신상에 위협을 느낄지도 모른다. 별 뜻 없는 발언이라도 문맥이나 상황, 말 이외의 의미를 생각하는 것은 말속에 숨은 의미를 간파

하는 과정으로 지적이고 재미있는 일이라고 생각한다.

인간의 말은 무언가 행위를 동반하게 되며, 그 행위가 무엇인지를 이해하려 노력해야 한다. 이런 노력을 습관화하면 관찰력도 좋아지고 한층 더 성숙한 사람이 될 수 있다.

ACTION

말속에 숨은 의미(행위)를
생각하는 연습을 한다.

37

눈치가 없다

#허당 #사고뭉치

episode

"외출했다 회사로 돌아오니 '이번에 보너스를 타면 어디로 여행갈까'라는 주제로 왁자지껄하다. '에게해 근처 섬이나 몰타 같은 유럽의 리조트에 가고 싶다' '알래스카에 오로라 보러 가는 투어에 참가할까 해요' '미국 세도나의 파워 스폿(Power spot 지구의 에너지가 모이는 곳을 말한다. 파워 스폿에 가면 그 기운을 받아 육체적·정신적 힐링이 가능하다고 한다 — 옮긴이)에서 명상을 하고 싶다' 등…… 부러운 구상을 듣다가 무심코 '어? 그렇게나 휴가를 낼 수 있던가요? 아니, 그것보다 우리 회사에 보너스가 있던가요?'라고 현실적인 질문을 던지자 한순간에 분위기가 싸해지며 모두들 아무 말 없이 자리로 돌아가 일을 시작했다."

　　　　　　　　　　　　　즐거운 자리를 한순간에 애매한 분
위기로 바꾸는 최강의 무기 눈치 꽝. 아직 친구가 보지 않은 드
라마 최종화의 결말을 스포일러하거나, 묻지도 않은 자신의 특
기를 계속 늘어놓는 등, 누구나 한두 번은 분위기 파악에 실패
한 경험이 있을 것이다. 반대로 질문을 해도 요점에 맞는 답을
하지 않고 구구절절 자신의 과거 영광을 읊는 눈치 없는 사람
이 있어서 반면교사로 삼아본 적도 있을 것이다.

　첫머리의 에피소드도 그렇다. 보너스가 적고 휴가를 못 낼
수도 있다, 그런 직장이어도 '가상의 여행 계획을 세운다'라는
암묵적 동의하에 대화를 즐기고 있는데 '현실발언'을 하는 것
은 룰을 위반하는 행위로 화기애애하던 분위기에 한순간 찬물
을 끼얹게 된다. 때마다 눈치 꽝 취급을 당한다. 하지만 애초에

'분위기란, 어떤 상황을 둘러싸고 있는 느낌 또는 기분'을 말하는 것이 아닌가. 그 느낌을 파악하기 어려워 고민이라면 '그 자리의 룰'을 생각하면 조금 편해질지 모른다.

아는 사람도 있겠지만 원래 대화에는 일정한 룰이 있다. 언어학자 폴 그라이스Paul Grice가 제창한 '협동의 원리'라는 대화의 원칙이 있다. 이 협동의 원리는 양, 질, 관련성, 형식의 네 가지 원칙으로 구성된다.

- 양의 원칙: 너무 길거나 짧지 않게, 필요한 정보를 충분히 제공해야 한다.
- 질의 원칙: 진실하고 타당한 정보를 제공해야 한다.
- 관련성의 원칙: 대화와 관련한 정보를 제공해야 한다.
- 형식의 원칙: 분명하고 적확한 화법으로 알기 쉽고 간결하게 제공해야 한다.

우리는 보통 이 원칙을 지키며 이야기하고, 듣는 사람도 이런 암묵적 원칙이 지켜지는 것을 전제로 이야기를 듣는다. 하지만 종종 원칙을 '일부러' 위반하는 경우가 있다. 그러면 우리는 원칙 위반이 발생한 상황을 눈치채고(무의식적으로), 위반의 이유를 파악하려고 한다. 그러면서 그 말의 숨은 의미를 이해할 수 있게 된다. 예를 들어, 2천 원짜리 낚시 체험 도구를 건네받고 "여기요, 2천만 원짜리 낚시도구요!"라는 말을 들었다고 하자. 이 내용은 명백히 거짓이므로 '질의 원칙'을 위반한 경우이다. 우리는 보통 원칙을 위반한 상황을 만나면 '왜 원칙을 지키지 않을까, 틀림없이 뭔가 이유가 있을 거야, 그럼 그 이유는 무엇일까?'라는 방향으로 생각이 흐른다. 그리고 '아, 농담이구나'라고 이해하게 된다. 앞서 말한 가상의 여행 계획 이야기가 전형적인 예이다.

앞서 '관찰력이 없다' 챕터에서도 말했지만, 말에는 '언어 행위'가 포함된다. 그러므로 원칙을 위반한 말의 경우 상대방이 어떤 언어 행위를 실현하려는 의도인지를 생각해보자. 예를 들어, 누군가가 작은 목소리로 속삭이면 비밀 이야기를 의미하는 것일 때도 있고, 큰 소리를 낸다면 화가 난 것일 수 있고, 자연스럽게 화제를 돌렸다면 듣고 싶지 않은 이야기였을 수 있다.

자신의 발언으로 그 자리의 분위기를 어색하게 만들어버리는 일이 잦다면 일반적으로 대화에는 양과 질, 관련성, 형식의 원칙이 있다는 점을 염두에 두자. 그리고 보통의 대화와 다른 분위기를 느꼈다면, 언어에 숨은 함의를 먼저 생각해보자. 조금씩이라도 양, 질, 관련성, 형식을 의식하며 대화하면 '눈치 꽝' '신기한 녀석'이라는 불명예스러운 이미지를 탈피할 수 있을 것이다.

ACTION

'양, 질, 관련성, 형식'을
의식하며 대화한다.

38

유머가 없다

#핵노잼 #융통성_제로 #고지식

episode

"늘 가벼운 농담으로 자리를 부드럽게 만들 줄 아는 동기와 같은 팀에 배속되어 왠지 모르게 비교당하는 것에 익숙해졌다. 농담을 잘하는 타입도 아니라 '나는 나'라고 마이웨이를 외치자니 동기는 어느새 완벽히 적응. 팀원으로서 신뢰도 얻고, 인정받는 모습이 조금 부럽다."

일을 잘하든 못하든 상관없이 누군 가의 개성은 인간관계에서 매우 중요하다. 이야기하다 보면 대화가 즐거워 웃음이 나오는 사람과 그렇지 않은 사람이 있다면 사람들 대부분은 전자를 선택할 것이다. 그렇지만 분위기를 편하게 만드는 웃음이나 지적이면서 고급스러운 유머가 하루아침에 나오진 않는다.

대화를 하며 유머를 적절하게 사용하면 집단 활동의 효율성이 증가한다는 점은 이미 검증되었다. 하버드대학교 베일스Bales 교수에 따르면 집단이 효율적으로 기능하도록 관리하는 리더에게는 과제 진행에 관한 '과업 기능task function' 측면과 집단 소속원의 감정이나 결속력에 관한 '사회정서적 기능socioemotional function' 측면을 관리하는 자질이 필요하다고 한다.

우선 '과업 기능'에서 유머의 중요성은 워릭대학교의 오스월드 앤드루Andrew J. O. 교수팀이 1,276명의 피험자를 대상으로 진행한 연구를 통해 확인되었다. 연구 결과 '10분간 코미디 영상을 본 다음 과제를 시작한 사람은 더 행복해져서 생산성이 12퍼센트 상승했다'고 나왔다.

'사회정서적 기능'에서도 유머는 중요한 작용을 한다. 몬태나 주립대학교의 빈튼Vinton K. L. 교수는 7주에 걸쳐 기업 커뮤니케이션을 관찰한 결과 유머가 구성원 사이의 입장 차를 경감시키고, 직장 내의 긴장감을 완화하여 구성원 간의 결속을 높인다고 발표했다. 물론, 이렇게 유머가 녹아 있는 분위기 만들기는 사회생활뿐 아니라 사적인 인간관계에서도 큰 효과를 발휘한다.

그렇다면 어떻게 하면 유머 있는 대화가 가능할까. 이 점에 대해서는 언어학적인 이론을 바탕으로 한 테크닉을 참고해야 한다. 직전 주제인 '눈치가 없다' 챕터에서 소개한 그라이스의 '협동의 원리'를 일부러 위반하는 방법이다.

웃음이라 하면 만담이 빠질 수 없다. 일본 만담계 대표 콤비인 '나이츠'의 만담을 예로 들어보자. 나이츠의 만담에는 일부러 틀리게 말하는 부분이 종종 등장하고, 당하는 역할을 맡은 사람이 그것을 절묘하게 받아쳐 웃음을 유발한다. 예를 들어, 검색사이트인 '야후Yahoo'를 '야호─' '구글Google 선생'을 '고글 선생'으로 말하는 식이다. '해리슨 포드'의 글자를 바꾸어 '해 라슨 포드' '벤 존슨'을 '벤 좃스'로, 식인 상어 영화 〈죠스〉를 '쥬스'라고 하는 등, 누구나가 알고 있는 사실을 틀리게 말하며 웃음을 유도한다. 그라이스의 원칙을 바탕으로 말하자면 일부러 틀린다는 사실을 모두가 아는 상황이므로 '질의 원칙'을 위반하는 셈이다!

실은 나이츠뿐 아니라, 개그 대부분은 그라이스의 원리를 위반하며 만들어진다. 'Non Style'이라는 만담 콤비의 콩트 중에, 상대를 공격하는 역할인 이노우에井上가 격앙되어 치켜올린 손에, 당하는 역할인 이시다石田가 "예에─"하며 하이파이브를 하는 내용이 있는데, 이것은 상대가 의도하지 않은 기쁨을 표현하는 방향으로 발화를 밀어붙이므로 '관련성의 원칙'을 위반한 것이다. 큰 소리로 말하지 않아도 되는 내용을 일부러 어울

리지 않게 큰 소리로 말하거나, 반대로 필요 없이 속삭이며 귓속말을 하는 것은 '형식(=전달법)의 원칙'을 위반한 것이다.

이렇듯 우선 자신이 좋아하는 코미디언의 영상 등을 보고 어떤 식으로 그라이스의 룰을 위반하여 웃음을 유발하는지 연구하고 연습하는 방법을 추천한다. 그 자리의 웃음만이 아니라 일에도 도움이 되는 유머를 기르자. 우선 가벼운 '룰 위반'부터 연습해보자. 그리고 다소 매끄럽지 않아도 그 점이 웃긴 포인트라는 것을 상대에게 전달하면 된다. 어색해도 반복하면 어색한 것이 웃긴 포인트가 되는 멋진 유머가 될지도 모른다.

ACTION

'협동의 원리'를 응용하여
유머 토크 연습하기!

39

질투가 심하다

#꽈배기남(녀) #질투심 #속이_좁다

episode

"우연히 페이스북을 보다 예전 동급생이 엄청난 벤처회사로 이직하여 사회생활뿐만 아니라 사생활까지 화려하게 생활하는 듯한 피드 발견. 그러다 이전에 업로드된 콘텐츠가 궁금해져 첫 번째 사진까지 타고 올라간다. 수많은 비즈니스 콘테스트에서 입상한 사진, 유명인과 일하며 회식한 사진, 뭔가 수준이 높은 듯한 명언 등을 발견한다. 한술 더 떠 그 사람의 프로필까지 꼼꼼히 훑어보고 '흠— 셀럽인 저 사장이랑도 연결 고리가 있는 건가'라며 인맥을 조사하다 정신을 차려보니 반나절이 지났다."

일 외에도 연인이 예전에 사귄 사람을 질투하거나, 친한 친구가 나는 모르는 친구와 즐겁게 있는 것을 보고 질투하는 경우처럼, 다른 사람의 능력이나 실적, 외모, 타고난 환경, 인간관계 등 질투의 종류나 대상은 각양각색이다.

'부럽다'고 느끼는 것은 괜찮다. 다만 그 감정이 타인에 대한 공격이나 증오심으로 이어지는 '질투'일 경우는 생각해볼 일이다. 후자는 특히 자기 자신의 정신 건강에도 좋지 않다.

질투라는 감정은 대부분 자신에 대한 자신감 없음(열등감)과 불안에서 온다. 질투란 감정 자체는 본능으로, 예를 들어 연인이라면 자신의 파트너에게 접근하는 타인을 경계하고 파트너를 지키기 위해 반드시 필요한 감정이다. 하지만 그것이 파트너에 대한 집착이나 구속, 타인에 대한 공격으로 이어지거나 불안정한 정신 상태가 지속된다면 문제가 있다.

질투란 감정 자체를 무리해서 없앨 필요는 없지만, 일곱 번째 주제인 '쉽게 화가 난다' 챕터에서 소개한 '논리적인 사고를 하여 끓어오르는 분노 등의 감정을 억제한다'라는 방법을 활용해 응급처치해보자.

문제는 질투 자체보다 시기심을 발단으로 나타나는 자기 자신의 불안과 타자에 대한 공격성이다. 그러므로 이 행동이 일으키는 문제를 깨달음으로써 '질투에서 비롯된 행동은 자신뿐 아니라 타인에게도 과학적으로 매우 좋지 않은 일이다'란 점을 알고 그렇게 하지 않도록 유의하는 마음을 함양하면 좋겠다. 질투라는 감정이 마음에 숨겨진 것뿐이라면 또 모르지만, 입 밖으로 꺼내면 뇌도 상처받기 때문에 주의해야 한다.

동핀란드대학교의 뇌신경학자 톨파넨Tolppanen A.과 네우뵈넨Neuvonen E. 연구진은 세상이나 타인에 대한 냉소, 비판도가 치매 발병에 미치는 영향을 분석하기 위한 연구를 진행했다. 연구진은 평균 연령이 71세인 노인 622명과 치매 진단을 받은 마흔여섯 명의 환자에게 비판도를 측정하는 질문을 하는 동시에 치매 테스트를 진행했다. 여기에 1,146명의 사인死因 361종을 분석한 데이터도 추가로 이용했다. 질문의 내용은 '사람들은 대부분 출세하기 위해 거짓말을 한다' '아무도 믿지 않는 편이 안전하다' '사람들은 대부분 자신의 이익을 위해 공정하지 않은 논리를 구사하며 적극적으로 움직인다' 등이었다고 한다.

테스트 결과, 비판도가 높은 사람들(약 8.5퍼센트)은 그렇지 않은 사람들(약 4퍼센트)에 비해 약 세 배 정도 치매에 걸릴 위험도가 높게 나타났다. 심지어 이 수치는 고혈압이나 고콜레스테롤, 흡연 등 치매에 영향을 줄 수 있는 요소들을 조정한 뒤의 결과이다.

구마모토대학교의 도모다友田 연구팀의 연구에 따르면 언어학대(욕이나 비판 등) 속에서 자라면 불안장애 등을 앓거나 커뮤니케이션 능력에 중요한 역할을 하는 뇌 부위가 이상을 일으킨다고 한다.

말로 뇌의 기능장애가 발현되는 것은 신체적 폭력을 당해 신체 일부가 정상적으로 기능하지 못하는 것과 완벽히 같은 이야기이다. '상해'라는 범죄행위와 같은 격이다. 시기하거나 화내는 행동, 안절부절못하거나 투덜대기 등 부정적인 감정이나 언동이 좋은 점은 단 하나도 없다. 타인의 상황이 부러워 질투하는 일은 인생에서 많고 많지만, '그렇구나' 하고 받아들이고 사는 편이 더 현명한 선택이 될 것이다. 언뜻 타인을 향한 듯 보이는 부정적인 감정도 실은 자신을 향한 칼날과 같은 것이다. 치매의 위험만 가중시킬 뿐이다.

시기·질투·증오도 긍정적으로 받아들이는 연습을 하면 자기 자신을 높이기 위한 에너지가 될 수 있다. 말에도 영혼이 있다고 한다. 그러니 우선 긍정적인 말을 사용하는 습관을 들이면 좋겠다. 동료가 칭찬받으면 나도 칭찬받도록 노력하면 되고, 축복받는 환경에 질투가 난다면 그 질투심을 뜀틀 삼아 뛰어 오르면 된다. 친구가 많은 친구가 부럽다면 자신도 사교적으로 자기 홍보를 해 친구를 늘려가면 된다. 이런 노력을 쌓는다면 10년 후 자신은 반드시 달라져 있을 것이다.

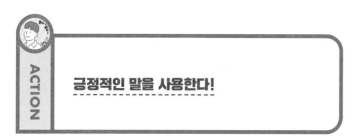

ACTION

긍정적인 말을 사용한다!

이 책은 보통 단점이라고 여겨지는 성격적 특징을 과학 실험으로 바꾸는 다양한 방법을 소개한다. 소개한 내용은 모두 각종 연구 자료나 논문에 근거한 방법들로 간단하게 실천해볼 수 있다.

스물일곱 번째 주제인 '리더십이 없다' 챕터에서 언급한 대로 사람의 성격이나 행동은 그때그때 주어지는 '역할(모드)'에 따라 달라진다. 사람은 언제든, 몇 살부터든 달라질 수 있는 존재이다.

뭐든 다 결점이라고 단정 짓고 포기할 필요는 없다. 예를 들어 정교한 가발이나 좌우 밸런스 차이조차 느껴지지 않는 완벽한 미용 성형을 생각해보라. 불규칙성이 완전히 배제된 상황에 불편함을 느껴본 적이 있을 것이다. 자연계에는 '불명확성 fuzzy'이 있고, 어딘가 정리되지 않은 부분이 있는 편이 아름답다고 느껴지는 경향도 있다. 완벽하게 대칭인 얼굴보다 좌우 대칭이 아닌 얼굴이 인상에 남거나 미인이라고 느껴졌다는 증언이 이와 같은 맥락이다.

극작가이자 연출가인 히라타 오리자平田 オリザ 씨가 로봇 연구에 매진하던 시절, 무슨 수를 써도 인간다움이 느껴지지 않아 고민하다가 일부러 '망설임' '주저함'같이 불필요한 동작을 추가했다는 이야기를 읽은 적이 있다. 이는 인간의 동작에는 반드시 '불명확성'이 있고, 모호한 동작이야말로 인간다움을 보여주는 하나의 좋은 예이기 때문이다.

__완벽하지 않은, 그것이 인간이다.__

이 세상에 절대적인 진실은 없다. 사상들은 대부분 상반된 요소를 내포하여 어떻게 받아들이느냐에 따라 해석 방향이 완전히 달라진다. 결점도 마찬가지이다. 무엇이든 나쁜 방향으로 생각하는 버릇이나, 세세한 것을 지나치게 신경 쓰는 버릇이 결점인 듯 보여도 미연에 트러블을 방지하는 데 일조할 수 있다. 그뿐 아니라, 미리 확실히 계획하지 않은 덕분에 우연한 만남도 즐길 수 있으며, 쓸데없이 참견하거나 주제넘게 나서는 행동도 누군가를 적잖이 돕고 있을지 모르니 결점이라고 단정할 수만은 없다.

이 책에서 다룬 '과학'이야말로 절대적인 것이 아니다. 천동설에서 지동설로 바뀐 것처럼 시대의 변화와 더불어 과학의 진실은 달라진다. 과학의 세계에는 '반증反證'이 등장하는 것이 상식이며, 반증된 가설이라 해서 바로 틀린 가설로 여기지는 않는다. 양쪽 입장을 격렬하게 주고받으며 절차탁마하고 음미하는 것이 과학적 논의의 원칙이다. '반증할 수 없을지 의심한다'는 마음가짐이야말로 진실에 더 가까워지기 위해 반드시 필요한 자세이며, 유령이 존재한다는 것을 증명할 수 없듯, 애초에 반증할 수 없는 가설은 과학이 될 수 없다. 결점도 마찬가지로 '내 결점은 ○○이다'라는 명제는 절대적인 진실이 아니다. 자기 스스로 '아니야, 이런 관점도 있지. 왜냐하면……'이라고 반증하는 태도가 중요하다.

인간은 누구나 이상향을 품고 있다. 이상적인 모습의 자신에게 가까워지고 싶은 마음이 있을 것이다. 결점이라 여겨지는 행동 패턴을 수정하고 자신의 성격 탓에 느꼈던 열등감이나 혐오감 등을 극복하거나, 주변과 더 잘 지내게 된다면 더 바랄 게 없겠다.

여러분의 인생에 행복이 깃들기를!

■ Allen, A. P., and Smith, A. P. (2015). Chewing gum: cognitive performance, mood, well-being, and associated physiology. *BioMed Research International*, 654806. doi: 10.1155/2015/654806

■ Allport, G. W. and Cantril, H. (1934). Judging personality from voice. *The Journal of Social Psychology*, 5, 37-55.

■ Andrade, J. (2009). What does doodling do? *Applied Cognitive Psychology*, 23(3), 1-7.

■ Ariga, A. and Lleras, A. (2011). Brief and rare mental "breaks" keep you focused: Deactivation and reactivation of task goals preempt vigilance decrements. *Cognition*, 118(3), 439-443.

■ Aronson, E. and Carlsmith, J. M. (1963). The effect of the severity of threat on the devaluation of forbidden behavior. *Journal of Abnormal and Social Psychology*, 66, 156-17.

■ Asch, S. E. (1951). Effects of group pressure upon the modification and distortion of judgment. In H. Guetzkow (ed.) *Groups, Leadership and Men*. 177-190, Pittsburgh, PA: Carnegie Press.

■ Asch, S. E. (1952). Group forces in the modification and distortion of judgments. In S. E. Asch, *Social Psychology*, 450-501, Englewood Cliffs, NJ, US: Prentice-Hall, Inc.

어제와 똑같은 내가 싫어서 심리학을 공부하기 시작했습니다

■ Asch, S. E. (1956). Studies of independence and conformity: I. A minority of one against a unanimous majority. *Psychological Monographs: General and Applied*, 70(9), 1-70.

■ Austin, J. L. (1962). *How to Do Things with Words*. Cambridge: Harvard University Press.

■ Bales, R. F., (1950). A Set of Categories for the Analysis of Small Group Interaction. *American Sociological Review*, 15(2), 257-263.

■ Borkovec, T. D., Hazlett-Stevens, H., and Diaz, M. L. (1999). The role of positive beliefs about worry in generalized anxiety disorder and its treatment. *Clinical Psychology & Psychotherapy*, 6(2), 126-138.

■ Brooks, A. W. (2013). Get Excited: Reappraising Pre-Performance Anxiety as Excitement, *Journal of Experimental Psychology General* 143 (3), 1144-58.

■ Bouchard, T. J., Lykken, D. T., McGue, M., Segal, N. L., and Tellegen, A. (1990). Sources of human psychological differences: the Minnesota Study of Twins Reared Apart. *Science*, 250(4978), 223-228.

■ Byun, K., Hyodo, K., Suwabe, K., Ochi, G., Sakairi, Y., Kato, M., Dan, I., and Soya, H. (2014). Positive effect of acute mild exercise on executive function via arousal-related prefrontal activations: an fNIRS study. *Neuroimage*, 98, 336-345.

■ Cohen, S., Janicki-Deverts, D., Turner, R. B., Doyle, W. J. (2014). Does hugging provide stress-buffering social support? A study of susceptibility to upper respiratory infection and illness. *Psychological Science*, 26(2), 135-147.

■ Deutsch, M., and Gerard, H. B. (1955). A study of normative and in formational social influences upon individual judgment. *The Journal of Abnormal and Social Psychology*, 51(3), 629-636.

- 土井康作 (1998).「組立課題における作業段取りの効果について」教育心理学研究, 46(1), 68-76.

- Dunbar, R. I. M. (1992). Neocortex size as a constraint on group-size in primates. *Journal of Human Evolution*, 22(6), 469-493.

- Dunbar, R. I. M. (1993). Coevolution of neocortical size, group size and language in humans. *Behavioral and Brain Sciences*, 16(4), 681-735.

- Dunning, D. (2005). Self-insight: Roadblocks and Detours on the Path to Knowing Thyself. *Psychology Press*. 14-15.

- Dunning, D., Johnson, K., Ehrlinger, J., and Kruger, J. (2003). Why People Fail to Recognize Their Own Incompetence. *Current Directions in Psychological Science*, 12(3), 83-87.

- Dutton, D. G. and Aron, A. P. (1974). Some evidence for heightened sexual attraction under conditions of high anxiety. *Journal of Personality and Social Psychology*, 30, 510-517.

- 遠藤健治・森川ひとみ・箕輪りゑ・結城智津子 (2007).「対人積極性に及ぼす化粧の効果」青山心理学研究, 7, 17-31.

- 福井康之 (1984).『まなざしの心理学 —視線と人間関係』創元社.

- Goffman, E. (1967). On Face-Work. In Goffman, E., ed., *Interaction Ritual*, 5-45, Pantheon, New York.

- Grice, H. P. (1975). Logic and Conversation. In Peter Cole and Jerry L. Morgan, eds., *Syntax and Semantics*, Vol. 3, *Speech Acts*, 41-58, New York: Academic Press.

- Gumpertz, J. (1982). *Language and social identity*. Cambridge: Cambridge University Press.

- 平松隆円 (2011).「男性による化粧行動としてのマニキュア塗抹がもたらす感情状態の変化に関する研究」仏教大学教育学部学会紀要 仏教大学教育学部学会, 10, 175-181.

- Hötting, K., Schickert, N., Kaiser, J., Röder, B., and Schmidt-Kassow, M. (2016). The effects of acute physical exercise on memory, peripheral bdnf, and cortisol in young adults. *Neural Plasticity*. 1-12.

- 池谷裕二 (2013).『脳には妙なクセがある』扶桑社新書.

- Ito, T. A., Larsen, J. T., Smith, N. K., and Cacioppo, J. T. (1998). Negative information weighs more heavily on the brain: the negativity bias in evaluative categorizations. *Journal of Personality and Social Psychology*, 75(4), 887-900.

- 上大岡トメ・池谷裕二 (2008).『のうだま やる気の秘密』幻冬社.

- Kraft, T. L. and Pressman, S. D. (2012). Grin and bear it: the influence of manipulated facial expression on the stress response. *Psychological Science*, 23(11), 1372-8.

- Kruger, J. and Dunning, D. (1999). Unskilled and Unaware of It: How Difficulties in Recognizing One's Own Incompetence Lead to Inflated Self-Assessments. *Journal of Personality and Social Psychology*, 77(6) 1121-1134.

- Ferrari, J. R., and Ticeb, D. A. (2000). Procrastination as a Self-Handicap for Men and Women: A Task-Avoidance Strategy in a Laboratory Setting. *Journal of Research in Personality*, 34(1), 73-83.

- Festinger, L. (1957) [1954]. *A Theory of Cognitive Dissonance*. California: Stanford University Press.

- Jourard, S. M. (1958). A study of self-disclosure. *Scientific American*, 198, 77-82.

- Hein, G., Silani, G., Preuschoff, K., Batson, C. D., and Singer, T. (2010). Neural responses to ingroup and outgroup members' suffering predict individual differences in costly helping. *Neuron*, 68(1), 149-160.

- Kable, J. W. and Glimcher, P. W. (2010). An 'as soon as possible' effect in human intertemporal decision making: behavioral evidence and neural mechanisms. *Journal of Neurophysiology*. 103, 2513-2531.

- 川名好裕 (1986).「対話状況における聞き手の相づちが対人魅力に及ぼす効果」実験社会心理学研究, 26(1), 67-76.

- Kidd, D. C. and Castano, E. (2013). Reading Literary Fiction Improves Theory of Mind. *Science*, 342(6156), 377-380.

- Klimecki, O. M., Leiberg, S., Ricard, M. and Singer, T. (2014). Differential pattern of functional brain plasticity after compassion and empathy training. *Social Cognitive and Affective Neuroscience*, 9(6), 873-879.

- Kosfeld, M., Heinrichs, M., Zak, P. J., Fischbacher, U. and Fehr, E. (2005) Oxytocin Increases Trust in Humans. *Nature*, 435, 673-676.

- Krumrei-Mancuso, E. J., and Rouse, S. V. (2016). The development and validation of the Comprehensive Intellectual Humility Scale. *Journal of Personality Assessment*, 98, 209-221.

- Langer, E. J. (1975). The illusion of control. *The Journal of Social Psychology*, 32, 311-328.

- Leiberg, S., Klimecki, O., and Singer, T. (2011). Short-Term Compassion Training Increases Prosocial Behavior in a Newly Developed Prosocial Game. *PLoS ONE*, 6(3): e17798.

- Libet, B., Gleason, C. A., Wright, E. W, and Pearl, D. K. (1983). Time of Conscious Intention to Act in Relation to Onset of Cerebral Activity(Readiness-potential). *Brain*, 106, 623-642.

- Light, K. C., Grewen, K. M, and Amico, J.A. (2005). More frequent partner hugs and higher oxytocin levels are linked to lower blood pressure and heart rate in premenopausal women. *Biological Psychology*,

69. 5-21.

- Liu, Y., Lin, W., Liu, C., Luo, Y., Wu, J., Bayley, P., and Qin, S. (2016). Memory consolidation reconfigures neural pathways involved in the suppression of emotional memories. *Nature Communications*, 7, 13375.

- Lyubomirsky, S., Tkach, C., and Sheldon, K. M. (2004). Pursuing sustained happiness through random acts of kindness and counting one's blessings: Tests of two sixweek interventions. Unpublished data, Department of Psychology, University of California, Riverside.

- Margolis, S. and Lyubomirsky, S. Experimental manipulation of extraverted and introverted behavior and its effects on well-being. *Journal of Experimental Psychology:General*, 2019; DOI: 10.1037/xge0000668.

- Merton, R. K. (1949). *Social Theory and Social Structure*. New York: Free Press.

- Matarazzo, J. D., Wiens, A. N., Saslow, G., Allen, B. V., and Weitman, M. (1964). Interviewer Mm-Hmm and interviewee speech durations. *Psychology*, 1, 109-114.

- 南美喜子; 濵浦翔; 梶山円貴; 玉利彩; 谷口弘一 (2014)「読書経験、共感性、向社会的行動の関係」教育実践総合センター紀要, 13, 329-334.

- Mizuno, K., Yoneda, T., Komi, M., Hirai, T., Watanabe, Y. and Tomoda, A. (2013). A. Osmotic release oral system-methylphenidate improves neural activity during low reward processing in children and adolescents with attention-deficit/hyperactivity disorder. *NeuroImage: Clinical*, 2, 366-376.

- Moser, J. S., Hartwig, R., Moran, T. P., Jendrusina, A. A., and Kross, E. (2014). Neural markers of positive reappraisal and their associations with trait reappraisal and worry, *Journal of Abnormal Psychology*, 123(1), 91-105.

■ 永房典之 (2003). 「恥意識尺度(Shame-Consciousness Scale)作成の試み」 東洋大学大学院紀要, 40, 105-120.

■ Neuvonen, E., Rusanen, M., Solomon, A., Ngandu, T., Laatikainen, T., Soininen, H., Kivipelto, M., and Tolppanen A. M. (2014). Late-life cynical distrust, risk of incident dementia, and mortality in a population-based cohort. *Neurology*, 82(24).

■ 西多昌規 (2016). 『ぼんやり脳！上手にボーっとできる人は仕事も人生もうまくいく』飛鳥新社.

■ Nittono, H., Fukushima, M., Yano, A., and Moriya, H. (2012). The power of kawaii: Viewing cute images promotes a careful behavior and narrows attentional focus. *PLoS ONE*, 7(9), e46362.

■ O'Doherty, J., Winston, J., Critchley, H., Perrett, D., Burt, D. M., and Dolan, R. J. (2003). Beauty in a smile: the role of medial orbitofrontal cortex in facial attractiveness. *Neuropsychologia* 41: 147-155.

■ Oswald, A. J., Proto, E. and Sgroi, D. (2015). Happiness and productivity. *Journal of Labor Economics*, 33(4). 789-822.

■ Pennebaker, J. W. (1989). Confession, inhibition, and disease. In L. Berkowitz (Ed.), *Advances in experimental social psychology*, 211-244, New York: Academic Press.

■ Propper, R. E., McGraw, S. E., Brunyé, T. T., and Weiss, M. (2013). Getting a Grip on Memory: Unilateral Hand Clenching Alters Episodic Recall. *PLoS ONE*, e62474.

■ Regan, D. (1971). Effects of a Favor and Liking on Compliance. *Journal of Experimental Social Psychology*, 7(6), 627-39.

- Ringelmann, M. (1913). Recherches sur les moteurs animés: Travail de l'homme [Research on animate sources of power: The work of man], *Annales de l'Institut National Agronomique*, 2nd series, 12, 1-40.

- Roysamb, E., Nes, R. B., Czajkowski, N. O., and Vassend, O. (2018). Genetics, personality and wellbeing. A twin study of traits, facets and life satisfaction. *Scientific Reports*, 8, 1-13.

- Rudd, M., Aaker, J., and Norton, M. I. (2014). Getting the most out of giving: Concretely framing a prosocial goal maximizes happiness. *Journal of Experimental Social Psychology*, 54, 11-24

- サトウタツヤ・渡邊芳之 (2005). 『「モード性格」論―心理学のかしこい使い方』紀伊国屋書店.

- サトウタツヤ・渡邊芳之 (2011). 『あなたはなぜ変われないのか：性格は「モード」で変わる. 心理学のかしこい使い方』ちくま文庫.

- Shen, L. and Hsee, C. K. (2017). Numerical nudging: Using an accelerating score to enhance performance. *Psychological Science*, 28(8), 1077-1086.

- Sumioka, H., Nakae, A., Kanai, R. and Ishiguro, H. (2013). Huggable communication medium decreases cortisol levels. *Scientific Reports*, 3, 3034. doi:10.1038/srep03034.

- Tomoda, A., Sheu, Y., Rabi, K. Suzuki, H., Navalta, C. P., Polcari, A., and Teicher, M. H. (2011). Exposure to parent al verbal abuse is associated with increased gray matter volume in superior temporal gyrus. *Neuroimage*, 54, S280-286.

- Tullett, A. M. and Inzlicht, M. (2010). The voice of self-control: Blocking the inner voice increases impulsive responding. *Acta Psychologica*, 135, 252-256.

- Vinton, K. L. (1989). Humor in the workplace: It is more than telling jokes. *Small Group Behavior*, 20, 151-166.

■ Vollenweider, F. X., Vollenweider-Scherpenhuyzen, M. F., Babler, A., Vogel, H, and Hell, D. (1998). Psilocybin induces schizophrenia-like psychosis in humans via a serotonin-2 agonist action. *Neuroreport*, 9:3897-3902.

■ Watson, J. B., Rayner, R. (1920). Conditioned emotional reactions. *Journal of Experimental Psychology*, 3(1), 1-14.

■ 余語真夫・浜治世・津田兼六・鈴木ゆかり・互恵子 (1990).「女性の精神的健康に与える化粧の効用」健康心理学研究, 3, 28-32.

■ Zermatten, A, Linden, M., D'Acremont, M., Jermann, F., and Bechara, A.. (2005). Impulsivity and decision making. *The Journal of nervous and mental disease*, 193, 647-650.

■ Zimbardo, P. G. (1971). The power and pathology of imprisonment. Congressional Record. (Serial No. 15, October 25, 1971). *Hearings before Subcommittee No. 3, of the Committee on the Judiciary, House of Representatives, 92nd Congress, First Session on Corrections, Part Ⅱ, Prisons, Prison Reform and Prisoners' Rights*: California. Washington, DC: U.S. Government Printing Office.